A-Level

经济
核心词汇真经

刘洪波 主编

学为贵国际备考团队 编著

中国人民大学出版社
·北京·

编委会

序言

随着全球化的不断深入，在我国进一步全面深化改革的战略部署下，我们比以往更需要学贯中西、懂得跨文化交流、具有全球视野和竞争力的国际化人才。

在这种大环境下，国际教育的热度持续升温，越来越多的家庭为孩子规划了出国留学的道路。作为国际教育领域的工作者，我们深知责任重大。不仅要让学生快速地掌握和运用英语，还要帮助学生筛选西方文化中的精华，更要夯实学生的学科基础知识，这三者缺一不可，相辅相成。

在国际课程的学习中，同学们常常会遇到各学科专业核心词汇带来的语言障碍。为了帮助同学们快速扫除这一障碍，学为贵集团的老师们特地编写了这套包括数学、物理、化学、生物、经济五大热门学科的国际课程词汇书。

作为一名资深的国际教育工作者，我对这套词汇书的问世感到无比欣喜。它不仅体现了我们对教育的热爱和执着，也反映了我们对国际教育发展方向的期待。这套词汇书不仅是一套工具书，更是一座通往世界知识的桥梁。

本套词汇书的亮点在于其独特的编排方式和丰富的内容选材，主要有以下 5 点。

亮点 1：单词按逻辑记忆法排序。

将本学科同一知识点涉及的常考单词放在一起，方便同学们记忆和使用。这样的编排方式有助于同学们在理解和运用学科知识时更加连贯。

例如，在数学词汇中，将与三角函数、微分、概率、随机变量等知识点相关的单词进行集中编排。这样，学生们在记忆与三角函数相关的单词时，可以同时掌握与此知识点有关的所有单词，从而形成完整的知识链。这样的

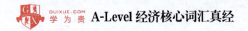
编排方式不仅提高了同学们记忆单词的效率，还有助于他们更加灵活地运用这些单词。

亮点 2：所有例句均出自 IGCSE/A-Level 考试真题。

书中例句真实地反映了单词在实际考试中的应用，让同学们能够了解在考试中这个单词是如何出现和使用的。通过这种方式，同学们可以更加深入地理解单词的含义和应用场景，从而更好地掌握单词。

例如，在物理词汇中，选取的例句均来自物理考试真题。这些例句中会涉及各种物理现象和实验，从而帮助学生们更好地理解物理单词的含义和应用。通过对这些例句的阅读和理解，同学们可以更加深入地掌握这些单词的考查方式，提高自己的应试能力。

亮点 3：部分单词附有学科知识点拨。

点拨中不仅详细描述了单词的考查深度和难度，还提供了这个单词涉及的知识点讲解。这样的点拨可以帮助同学们更好地理解单词在学科中的意义和作用，从而快速掌握这个单词。

例如，在化学词汇中，针对重点单词进行深度解析和知识点拨。这些点拨会涉及化学键、分子式、化学反应等各种化学知识，从而帮助学生们更好地理解化学单词的含义和应用。通过对这些点拨的阅读和学习，学生们可以更加深入地掌握化学知识，提高自己的解题能力。

亮点 4：列出了每个单词在近三年真题中出现的频次。

通过近三年的统计数据，同学们对某个单词的重要性和优先级了然于胸。哪些单词是最重要的、必须记住的，哪些单词的出现频率不高，都可以从这套书中得到答案。这样的信息可以帮助同学们更加有针对性地进行学习，提高自己的学习效率，巩固学习成果。

亮点 5：为某些单词添加配图讲解。

生动的图片和解释可以让同学们更直观地理解单词的含义和应用场景。通过生动的图片，同学们可以轻松地掌握单词的具体含义，让学习过程更加有趣。

例如，在物理词汇中，为了强化单词的记忆，会对一些物理概念进行配图讲解。图片会真实地展示各种物理现象，使学生更容易理解和记忆相应的知识点。

所以，通过这套词汇书的学习，学生们可以在学习词汇的同时，潜移默化地熟悉历年真题，进一步掌握学科知识点和考点，达到事半功倍的效果。

最后，感谢学为贵集团所有为这套词汇书付出努力的老师，你们把多年一线教学的成功经验沉淀在书中，相信这套词汇书一定能帮助更多的学生达成他们的求学目标，实现人生理想。

Open the book,

from here, you go anywhere.

刘洪波

目 录

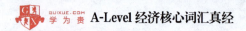学为贵 A-Level 经济核心词汇真经

Part Ⅳ Developments in the Global Economy 全球经济发展 /95

Part I ★

Markets in Action 市场活动

Chapter 1

Introductory Concepts
概念介绍

1 microeconomics [ˈmaɪkrəʊˌiːkəˈnɒmɪks]

释义 *n.* 微观经济学

点拨 微观经济学以单个经济单位（家庭、企业和单个产品市场）为考察对象，运用个量分析方法，研究单个经济单位的经济行为以及如何决定相应的经济变量，分析的是资源配置问题。

本门课程主要包含微观经济学和宏观经济学两大分支体系，考点主要集中在对二者的区分上，通常以选择题的形式出现。

例句 Microeconomics emphasizes the role of the price mechanism in balancing supply and demand in individual markets.

译文 微观经济学强调价格机制在平衡个体市场中供求关系方面的作用。

考频 近 3 年 17 次

2 macroeconomics [ˌmækrəʊˌiːkəˈnɒmɪks]

释义 *n.* 宏观经济学

点拨 宏观经济学以整个国民经济活动为考察对象，运用总量分析方法，研究社会总体经济问题以及如何决定相应的经济变量，研究这些经济变量的相互关系。

本门课程主要包含微观经济学和宏观经济学两大分支体系，考点主要集中在对二者的区分上，通常以选择题的形式出现。

例句 They are concerned with issues on the boundary between macroeconomics and microeconomics.

译文 他们关注的是**宏观经济学**和微观经济学的界限问题。

考频 近 3 年 17 次

3　needs [niːdz]

释义 *n.* 需求

点拨 在经济学中，该词是指对基本生存所需的食物、住所和衣服等的需求。考试中单独考查 needs 的题目较少，更多的是考查具体某种 needs，如 export needs（出口需求）、 oil needs（石油需求）及 labour needs（人工需求）等。在各种考试题型中均有涉及。

例句 Investing in renewable energy and sustainable technologies is crucial to meeting long-term energy **needs** and promoting economic growth.

译文 投资于可再生能源和可持续技术是满足长期能源**需求**并促进经济增长的关键。

考频 近 3 年 11 次

4　wants ['wɒnts]

释义 *n.* 欲望

点拨 "欲望"是指想取得某种东西或想满足某种需求，经济学认为，欲望是无限的，无限的欲望和有限的资源之间产生了稀缺性的问题。考试中通常结合基本的经济学问题，以选择题的形式进行考查。

例句 Everyone needs to prioritise the consumption of whatever commodities they need or would like to have, as they cannot satisfy all their **wants**.

译文 每个人都需要优先消费自己需要或想要的商品，因为他们不可能满足所有的**欲望**。

考频 近 3 年 9 次

5 scarcity [ˈskeəsətɪ]

释义 *n.* 稀缺性

点拨 稀缺性是产生经济问题的根源。无限的欲望和有限的资源导致稀缺性，所以相关主体不得不作出选择，以实现对稀缺资源的有效配置。考试中通常考查其概念或者稀缺性、选择与机会成本之间的关系。

例句 Explain how a production possibility curve can be used to demonstrate **scarcity**, choice and opportunity cost.

译文 解释如何用生产可能性曲线来说明**稀缺性**、选择和机会成本。

考频 近3年5次

6 choice [tʃɔɪs]

释义 *n.* 选择

点拨 是指欲望无限但资源有限的情况下，人们作出的取舍。各种题型均有涉及，通常考查稀缺性、选择与机会成本之间的关系。

例句 Explain how a production possibility curve can be used to demonstrate scarcity, **choice** and opportunity cost.

译文 解释如何用生产可能性曲线来说明稀缺性、**选择**和机会成本。

考频 近3年4次

7 opportunity cost

释义 机会成本

点拨 机会成本是经济学中一个非常重要的概念。考点主要有机会成本的概念、机会成本的计算，或者结合生产可能性曲线(PPC)、比较优势(comparative advantage)等进行综合考查。考查方式涉及各种题型。

例句 Use a diagram to explain how a production possibility curve can be used to show **opportunity cost** and why such a curve is usually drawn with increasing opportunity costs.

译文 用图表解释如何运用生产可能性曲线来表示**机会成本**，以及为什么这条曲线通常是基于机会成本的上升而绘制的。

考频 近 3 年 22 次

8　ceteris paribus

释义 其他影响因素均同，只有一个变量变化

点拨 这个词组是在经济模型假设条件中常常用到的表述方式，通常以选择题的形式考查对其含义的理解。

例句 There is an inverse relationship between quantity demanded and the price of a good or service, **ceteris paribus**.

译文 **在其他变量都不变的情况下**，需求量与商品或服务的价格之间呈现反向关系。

考频 近 3 年 61 次

9　margin ['mɑːdʒɪn]

释义 *n.* 边际

点拨 通常结合具体的变量，如成本、收益等考查对边际这个概念的理解，各种题型都有所涉及。

例句 Economic thinking is usually based on logical reasoning at the **margin**.

译文 经济思维通常是基于**边际**的逻辑推理。

考频 近 3 年 30 次

10 in the short run

释义 在短期

点拨 在短期，至少有一种生产要素变量不变。考点经常集中在区分短期、长期和极长期的变量变化结果。各种题型都会有所涉及。

例句 What will happen to the prices charged by the firm **in the short run** and in the long run?

译文 **在短期内**和长期内，公司收取的价格会发生什么变化？

考频 近 3 年 103 次

11 in the long run

释义 在长期

点拨 在长期，所有的生产要素变量都会发生变化。考点经常集中在区分短期、长期和极长期的变量变化结果。各种题型都会有所涉及。

例句 What will happen to the prices charged by the firm in the short run and **in the long run**?

译文 在短期内和**长期内**，公司收取的价格会发生什么变化？

考频 近 3 年 121 次

12 in the very long run

释义 在极长期

点拨 在极长期，所有投入变量都会发生变化，除了生产要素变量变化之外，还包含技术、政府规章等变量的变化。考点经常集中在区分短期、长期和极长期的变量变化结果。各种题型都会有所涉及。

例句 **In the very long run**, the productive capacity of an economy, which is determined by the quantity and quality of factors of production, will ultimately determine the level of long-run aggregate supply (LRAS).

译文 **在极长期**中，一个经济体的生产能力（由生产要素的数量和质量决定）最终决定长期总供给（LRAS）的水平。

考频 近3年5次

13 positive statement

释义 实证表述

点拨 实证表述是基于事实且有现实依据的。通常以选择题的形式考查对该概念的判断。

例句 It is a **positive statement** because greater skill results in higher pay.

译文 这是一个**实证表述**，因为更高的技能会带来更高的薪酬。

考频 近3年20次

14 normative statement

释义 规范表述

点拨 规范表述通常是没有事实依据、主观命令式的。通常以选择题的形式考查对该概念的判断。

例句 It is a **normative statement** because it expresses an opinion.

译文 这句话是**规范表述**，因为它表达了一种意见。

考频 近3年26次

15 value judgement

释义 价值判断

点拨 价值判断是用来描述规范表述的，代表的是基于建议而非事实的表述。通常以选择题的形式考查。

例句 Normative statement is subjective and offers a **value judgement**.

译文 规范表述是主观且提供**价值判断**的。

考频 近3年3次

16 resource [rɪˈsɔːs]

释义 *n.* 资源

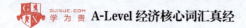

| 点拨 | 经济学研究的基本问题主要围绕资源的稀缺性和人类欲望无限性之间的矛盾展开。在各种题型中，主要考查资源的定义、分配及再分配的问题。 |

例句 What change in the way **resources** are allocated in an economy is consistent with moving from a planned economy to a market economy?

译文 经济中**资源**配置方式的哪些变化与从计划经济向市场经济的转变是一致的？

考频 近3年93次

17 factors of production

释义 生产要素

点拨 生产要素是指在生产中使用的、用于生产商品和提供服务的资源，包括土地、劳动力、资本等。通常以选择题的形式进行考查。

例句 From the same quantity of **factors of production**, country X and country Y each produce the following units of output.Which statement is correct?

译文 同样数量的**生产要素**，X 国和 Y 国各自有如下单位的产出。哪个说法是正确的？

考频 近3年9次

18 land [lænd]

释义 *n.* 自然资源

点拨 在 A-Level 考试中，翻译成"自然资源"。land 属于四种生产要素之一，泛指自然资源（除了土地本身外，还包含矿产、煤、石油、河流、湖泊等）。考点主要包括其概念、与其他几种生产要素的区别以及其回报等，通常以选择题的形式出现。

例句 A UK-based food company wishes to diversify its product range. To finance this, it has obtained a $10m loan from a bank to buy **land**, build and equip a bakery.

译文 一家英国食品公司希望使其产品多样化。为了筹措资金，该公司从一家银行获得了 1000 万美元贷款，用于购买**自然资源**、建设和装备一家面包店。

考频 近 3 年 19 次

19 labour [ˈleɪbə(r)]

释义 *n.* 劳动力

点拨 劳动力属于四种生产要素之一。考点主要集中在两大部分，一个是对概念的考查，主要考查劳动力要素与其他几种生产要素的区别、它的回报以及劳动力分工；另一个是对于劳动力市场的考查。各种题型都会有所涉及。

例句 What would be most likely to cause the demand for **labour** in an industry to be inelastic?

译文 什么最有可能导致一个行业对**劳动力**的需求缺乏弹性?

考频 近 3 年 117 次

20 capital [ˈkæpɪt(ə)l]

释义 *n.* 资本

点拨 资本是一个核心概念，广义上指的是企业或个人用于生产商品、提供服务或进行投资的各种资金或资产。在 A-Level 考试中，主要指那些由人类制造并用于辅助生产的设备或设施，如机器、厂房等，而不包括货币本身。考点主要集中在其概念、与其他几种生产要素的区别及回报等内容上，各种题型均有涉及。

例句 Interest is regarded as the return on the use of **capital** services.

译文 利息被看作使用**资本**的回报。

考频 近 3 年 34 次

21　entrepreneur [ˌɒntrəprəˈnɜː(r)]

释义 *n.* 企业家

点拨 企业家通过组织、整合其他三种生产要素创建企业，其也是一种生产要素。企业家享有企业的经营利润也承担经营风险。同时，企业家也是劳动力的一种。选择题和论述题均有涉及。

例句 An economy is experiencing a fall in average incomes during a severe recession. Discuss the extent to which the concepts of income elasticity of demand and price elasticity of demand might be useful to an **entrepreneur** in this economy and consider which would be more useful.

译文 在严重的经济衰退时期，一个经济体的平均收入正在下降。讨论需求的收入弹性和需求的价格弹性在多大程度上可能对这个经济体中的**企业家**有用，并考虑哪一个更有用。

考频 近 3 年 2 次

22　labour force

释义 劳动力

点拨 一个经济体中的劳动力被定义为能够工作的工人总数。除了那些实际就业的人，还包括那些失业和正在找工作的人。选择题和论述题（essay）均有考查。

例句 Developing economies have a high proportion of economically inactive people relative to the size of the **labour force** (a high dependency ratio). This is the main reason why the standard of living is low in developing economies.

译文 在发展中经济体，不从事经济活动的人口相对于**劳动力**规模来说占比很高（高抚养比）。这就是发展中经济体中人们生活水平低的主要原因。

考频 近 3 年 5 次

23   labour productivity

释义 劳动生产率

点拨 劳动生产率用于衡量每个工人单位时间内的工作产出。主要考查劳动生产率提高或降低带来的影响，以及影响劳动生产率的因素。选择题和论述题中均有涉及。

例句 Other things being equal, what is most likely to be reduced by falling **labour productivity**?

译文 在其他条件相同的情况下，**劳动生产率**下降后最有可能减少的是什么？

考频 近3年7次

24   renewable resources

释义 可再生资源

点拨 可再生资源是指不会枯竭的资源，像风能、太阳能、热能等。考点主要集中在对可再生资源的判断上，或结合不可再生资源考查二者的区别。各种题型中均有涉及。

例句 With reference to the change in how electricity was generated, explain the difference between "**renewable resources**" and "non-renewable resources".

译文 结合发电方式的变化，解释"**可再生资源**"和"不可再生资源"之间的区别。

考频 近3年4次

25   non-renewable resources

释义 不可再生资源

点拨 不可再生资源是指随着使用会逐渐耗尽的资源，煤、石油等化石燃料就是不可再生资源。考点主要集中在对不可再生资源的判断上，也会结合可再生资源考查二者的区别。各种题型均有涉及。

例句 With reference to the change in how electricity was generated, explain the difference between "renewable resources" and "**non-renewable resources**".

译文 结合发电方式的变化，解释"可再生资源"和"**不可再生资源**"之间的区别。

考频 近 3 年 4 次

26 investment [ɪnˈvestmənt]

释义 *n.* 投资

点拨 经济学中的投资是指将资金或资源用于购买资产、投资项目或用于经营活动，以期获得未来的经济利益或回报的行为。具体考点包括影响投资的因素、投资的利率弹性、海外直接投资、投资与总需求等，各种题型都有所涉及。

例句 Using aggregate demand and aggregate supply analysis, discuss whether it is possible to use monetary policy to achieve both a high level of **investment** and a low rate of inflation.

译文 利用总需求和总供给分析，讨论是否可能通过使用货币政策来实现高**投资**水平和低通货膨胀率。

考频 近 3 年 79 次

27 depreciation [dɪˌpriːʃiˈeɪʃn]

释义 *n.* 折旧

点拨 在经济学中有两种含义，即折旧和贬值。在本章先以"折旧"的释义进行说明。折旧是指资本货物由于损耗而贬值。在考试中两种情况都会考查，但更多的是结合汇率考查货币贬值，对折旧的考查相对较少。对折旧的考查主要体现在选择题中，对货币贬值的考查涉及各种题型。

例句 An allowance for **depreciation** has to be made, because the NNI does not include output that replaces capital that has been used up.

译文 必须考虑**折旧**，因为净国民收入不包括替代已用完的资本的产出。

考频 近 3 年 12 次

28　specialisation [ˌspeʃəlaɪˈzeɪʃən]

释义 *n.* 专业化

点拨 A-Level 考试中专业化是指个人、企业、地区或整个经济体集中于生产某些商品或提供某类服务。考试中通常以选择题形式考查专业化的优缺点。

例句 **Specialisation** has resulted in a major expansion in global living standards, but there are dangers too.

译文 **专业化**导致了全球生活水平的大幅提高，但也存在危险。

考频 近 3 年 24 次

29　division of labour

释义 劳动分工

点拨 通常考查劳动分工的特征、适用环境及优缺点等，在各种题型中都有所涉及。

例句 What is the most important for the effective operation of the **division of labour** in a modern economy?

译文 在现代经济中，什么对**劳动分工**的有效运作最为重要？

考频 近 3 年 21 次

30　economic structure

释义 经济结构

点拨 通常考查三种不同的经济结构，包括第一产业、第二产业和第三产业 (primary, secondary and tertiary sectors)，常出现在选择题中。

例句 It has to change its **economic structure** in order to qualify for a bailout loan from the World Bank.

译文 它必须改变其*经济结构*，以便有资格获得世界银行的救助贷款。

考频 近 3 年 5 次

31 market economy

释义 市场经济

点拨 在市场经济中，价格由市场供求关系决定，企业和个人根据市场价格进行决策，政府对市场的干预是很有限的。考查频率较高，主要考查市场经济的特点、优缺点以及与其他经济体制的对比，各种题型均有涉及。

例句 Which statement is the most valid reason for government intervention in a free **market economy**?

译文 哪一个陈述是政府干预自由*市场经济*的最有效理由？

考频 近 3 年 34 次

32 planned economy

释义 计划经济

点拨 在计划经济体制下，政府在所有决策中都起核心作用。计划经济也叫作指令经济 (command economy) 或者中央计划经济 (centrally planned economy)。主要考查其特征、优缺点以及与其他经济体制的对比，各种题型均有涉及。

例句 A country is moving from a **planned economy** to a market economy. The government previously provided transport services but has now sold these to private firms. What is a consequence of this?

译文 一个国家正在从**计划经济**向市场经济转变。政府以前提供运输服务，但现在把这些服务卖给了私有企业。这样做的后果是什么？

考频 近 3 年 17 次

33　mixed economy

释义 混合经济

点拨 混合经济介于市场经济和计划经济之间。在混合经济中，私营部门和公共部门都可以在资源配置中发挥作用。主要考查其特点，各种题型均有涉及。

例句 Discuss whether government intervention to encourage private sector firms, in a **mixed economy** such as Nigeria, is always likely to be successful.

译文 讨论在尼日利亚这样的**混合经济**中，政府干预鼓励私营企业是否总是有可能成功。

考频 近 3 年 11 次

34　reallocation of resources

释义 资源再分配

点拨 通常结合资源使用或分配相关的知识点考查，常以选择题的形式出现。

例句 If there are welfare losses at a particular point on the PPC, the **reallocation of resources** will lead to Pareto improvement.

译文 如果在生产可能性曲线的某一点上存在福利损失，**资源再分配**将导致帕累托改善。

考频 近 3 年 4 次

35 economic goods

释义 经济商品

点拨 经济商品也叫私有商品（private goods），是指具有机会成本的商品。一般会结合免费商品（free goods）或者公共商品（public goods）考查它们之间的区别。各种题型中都会涉及。

例句 All **economic goods** have an opportunity cost greater than zero.

译文 所有的**经济商品**都有大于零的机会成本。

考频 近 3 年 5 次

36 free goods

释义 免费商品

点拨 一般会结合经济商品考查二者的区别，通常以选择题的形式考查。

例句 **Free goods** are any good that are not scarce, and therefore have a zero opportunity cost.

译文 **免费商品**是任何不稀缺的物品，因此其机会成本为零。

考频 近 3 年 5 次

37 private goods

释义 私有商品

点拨 私有商品也叫经济商品，常与公共商品或者免费商品放在一起考查它们的特征及区别，各种题型都会有所涉及。

例句 What are the characteristics of **private goods**?

译文 **私有商品**的特征是什么？

考频 近 3 年 26 次

38 excludability [ɪkˌskluːdəˈbɪlɪtɪ]

释义 *n.* 排他性

点拨 排他性是私有商品的特征之一，与竞争性（rivalry）和可拒绝性（rejectable）构成私有商品的三大特征，各种题型中都会有所涉及。

例句 Private goods have **excludability** and rivalry.

译文 私有商品具有**排他性**和竞争性。

考频 近 3 年 9 次

39 rivalry [ˈraɪv(ə)lrɪ]

释义 *n.* 竞争性

点拨 竞争性是私有商品的特征之一，与排他性和可拒绝性构成私有商品的三大特征，各种题型中都有所涉及。

例句 There is **rivalry** in its use.

译文 在其使用方面存在**竞争性**。

考频 近 3 年 11 次

40 non-excludability [nɔn-ɪkˈskluːdəbɪlɪtɪ]

释义 *n.* 非排他性

点拨 非排他性是公共商品的特征之一，与非竞争性（non-rivalry）和不可拒绝性（non-rejectable）构成公共商品的三大特征，各种题型都有所涉及。

例句 Public goods are defined by its **non-excludability** and non-rivalry.

译文 公共商品具有**非排他性**和非竞争性。

考频 近 3 年 13 次

41 non-rivalry [nɒnˈraɪv(ə)lrɪ]

释义 *n.* 非竞争性

点拨 非竞争性是公共商品的特征之一，与非排他性和不可拒绝性构成公共商品的三大特征。各种题型中都有所涉及。

例句 Public goods exhibit **non-rivalry**, meaning that one person's consumption of the goods does not diminish the availability or quality of the goods for others.

译文 公共商品具有**非竞争性**，即一个人的消费并不会减少其他人对该商品的可用性或其质量。

考频 近 3 年 14 次

42 quasi-public goods

释义 准公共商品

点拨 准公共商品介于私有商品与公共商品之间，考试中通常给出商品的属性让考生判断某物是不是准公共商品，在论述题中出现较多。

例句 A motorway could be classified as a **quasi-public good**.

译文 高速公路可以被归类为**准公共商品**。

考频 近 3 年 1 次

Note

Chapter 2

Demand and Supply
需求和供给

43　demand [dɪˈmɑːnd]

释义 *n.* 需求

点拨 需求是指在其他条件相同的情况下，消费者在不同的价格水平下愿意并能够购买的产品数量。属于经济学中的基础概念，是分析很多经济学问题的基础。各种题型均有涉及。

例句 Good X is related to Good Y. Incomes increase and the price of good Y falls. Which combination would give the greatest increase in **demand** for Good X?

译文 商品 X 与商品 Y 相关。收入增加，商品 Y 价格下降。哪种组合会使商品 X 的**需求**增加最多？

考频 近 3 年 571 次

44　effective demand

释义 有效需求

点拨 有效需求是指市场处于均衡状态下的需求量。考试中通常以选择题的形式考查定义。

例句 Which curve shows the new **effective demand** or supply curve?

译文 哪条曲线表示新的**有效需求**曲线或供给曲线？

考频 近 3 年 5 次

45　demand curve

释义 需求曲线

点拨 需求曲线是考试的重要考点，在各种题型中都有涉及。具体考点包括需求曲线的结构、影响需求曲线变动的因素，也会与供给曲线结合考查市场均衡状态等。

例句 What could not cause a shift in an individual's **demand curve** for Good Z?

译文 什么因素不会导致个人对 Z 商品的**需求曲线**发生变化?

考频 近 3 年 331 次

---

46 demand schedule

释义 需求表

点拨 需求表是描述商品价格与需求量之间相互关系的表格，也是决定需求曲线结构的因素，经常结合均衡状态、需求的价格弹性等以选择题的形式考查。

例句 If the **demand schedule** remains the same, what can be concluded from this?

译文 如果**需求表**保持不变，从中可以得出什么结论?

考频 近 3 年 3 次

---

47 market demand

释义 市场需求

点拨 市场需求是对市场中所有卖方提供的某种商品或服务的总需求。常考查市场需求的定义、市场需求曲线与个人需求曲线和总需求曲线的关系。主要通过选择题的形式进行考查。

例句 How would an economist establish the **market demand** curve for a private good?

译文 经济学家如何确定私有商品的**市场需求**曲线?

考频 近 3 年 5 次

48 normal goods

释义 正常商品

点拨 正常商品是指需求随收入的增加而增加的商品。常与劣等商品(inferior goods)对比考查或结合弹性(elasticity)进行考查。各种题型中均会涉及。

例句 Which combination of events is most likely to leave the demand curve for **normal goods** in the same position?

译文 哪种事件组合最有可能使**正常商品**的需求曲线保持在相同位置?

考频 近 3 年 10 次

49 inferior goods

释义 劣等商品

点拨 劣等商品是指需求随收入的增加而减少的商品。常考查其定义、特点,也会结合正常商品弹性进行考查。各种题型中均有涉及。

例句 What causes the demand curve for **inferior goods** to shift to the right?

译文 是什么导致了**劣等商品**的需求曲线向右平移?

考频 近 3 年 19 次

50 complements [ˈkɒmplɪmənts]

释义 *n.* 互补品

点拨 互补品是在需求上互为补给的商品,它们的需求变化方向一致。互补品的需求的交叉价格弹性为负,即一种产品的价格升高会导致另一种产品的需求减少,比如汽车和汽油。常会考查影响需求曲线移动的因素,或结合弹性、其他商品分类进行对比考查,各种题型中均会涉及。

例句 Goods X and Y are **complements**. What will be the effect on the equilibrium price and quantity of Good X of an increase in the supply of Good Y?

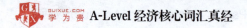

译文 商品 X 和 Y 是**互补品**。商品 Y 供给增加对商品 X 的均衡价格和均衡数量的影响是什么？

考频 近 3 年 15 次

51 substitute ['sʌbstɪtjuːt]

释义 *n.* 替代品

点拨 替代品是能满足相同需求的可替代商品，比如可口可乐和百事可乐，它们的需求变化方向相反。替代品的需求的交叉价格弹性为正，即一种产品的价格升高会导致对另一种产品的需求增加。常会考查影响需求曲线移动的因素，或结合弹性、商品分类进行考查，各种题型中均会涉及。

例句 Explain how the concept of cross-price elasticity of demand can be used to distinguish between goods that are **substitutes**, those that are complements and those that have no relationship.

译文 解释如何运用需求的交叉价格弹性的概念来区分**替代品**、互补品和无关商品。

考频 近 3 年 21 次

52 derived demand

释义 衍生需求

点拨 衍生需求是指由于对某个市场的需求变化引起的对其他市场的需求变化。通常用来解释劳动力市场，具体是指对产品市场的需求衍生出来的对劳动力市场的需求，经常与产品市场的需求曲线结合在一起考查。各类题型都会涉及。

例句 Economics textbooks state that for a firm in imperfect competition labour is a **derived demand**.

译文 经济学教科书指出，对于不完全竞争中的企业来说，劳动力是一种**衍生需求**。

考频 近 3 年 7 次

53 alternative demand

释义 替代需求

点拨 替代需求是影响需求曲线移动的一种因素。替代品的价格变化引起对某种商品本身需求的变化。通常在选择题中考查。

例句 One way this happens is where two goods are substitutes for each other, which gives rise to **alternative demand**.

译文 发生这种情况的一种方式是两种商品互为替代品，这就产生了**替代需求**。

考频 近 3 年 2 次

54 joint demand

释义 联合需求

点拨 联合需求是影响需求曲线移动的一种因素。即互补品的价格变化引起对某种商品本身需求的变化。通常在选择题中考查。

例句 Good X is in joint supply with Good Y and in **joint demand** with Good Z.

译文 商品 X 与商品 Y 是联合供给关系，与商品 Z 是**联合需求**关系。

考频 近 3 年 4 次

55 joint supply

释义 联合供给

点拨 联合供给是影响供给曲线移动的一种因素。通常以选择题的形式考查。

例句 **Joint supply** occurs when a firm produces more than one good together.

译文 **联合供给**通常发生在一个公司同时生产多种商品时。

考频 近 3 年 2 次

56 composite demand

释义 **综合需求**

点拨 综合需求是指对具有多种用途的产品的需求。比如，小麦可以用来做面包、做生物燃料等，那么小麦就是多用途产品。通常考查综合需求的图形及对供给曲线的影响。一家公司同时用小麦生产面包和生物燃料，如果对面包的需求增加了，那么对生物燃料的供给就会减少。

例句 Goods are in **composite demand** if they have more than one use.

译文 如果商品有不止一种用途，那么对这种商品是有**综合需求**的。

考频 近 3 年 1 次

57 supply [səˈplaɪ]

释义 *n.* **供给**

点拨 供给是指在其他条件相同的情况下，供应商在不同的价格水平下愿意并能够出售的产品的数量。它是经济学的基础概念，是分析很多经济问题的基础，各种题型均会涉及。

例句 The table shows the **supply** and demand for avocados in Mexico City.

译文 该表显示了墨西哥城牛油果的**供给**和需求情况。

考频 近 3 年 313 次

58 supply curve

释义 **供给曲线**

点拨 在各类题型中都会涉及，考点主要包括供给曲线的结构、影响供给曲线变动的因素，还会结合需求曲线考查市场均衡状态。

例句 The diagram shows a **supply curve** for chicken.

译文 图中显示了鸡肉的**供给曲线**。

考频 近 3 年 242 次

59　market supply

释义 市场供给

点拨 某种商品或服务的市场供给量是市场上所有企业的供给量。常会考查市场供给曲线与个人供给曲线的关系、均衡分析等，主要出现在选择题中。

例句 The table shows the market demand and **market supply** for kiwifruit over a year. At a market price of $3 per kg there is disequilibrium in the market.

译文 该表显示了一年来猕猴桃的市场需求和**市场供给**情况。市场价格为每公斤 3 美元时，市场不均衡。

考频 近 3 年 4 次

60　equilibrium [ˌiːkwɪˈlɪbrɪəm]

释义 *n.* 平衡点，均衡

点拨 当供给量等于需求量时，市场处于均衡状态。在其他条件不变的情况下，这个平衡的局面没有改变的趋势。均衡分为商品市场均衡、货币市场均衡、劳动力市场均衡、总需求与总供给的均衡等，均衡贯穿在经济学各个知识板块，各种题型中均有涉及。

例句 The market for mobile phones is initially in **equilibrium** at X. The government then imposes a sales tax. What is the government's total tax revenue from this tax?

译文 手机市场最初的**均衡**状态在 X 处，在政府征收销售税后，政府的税收总收入是多少？

考频 近 3 年 116 次

61 disequilibrium [ˌdɪsˌiːkwɪˈlɪbrɪəm]

释义 *n.* 非均衡

点拨 非均衡点是指供给和需求不相等的点。主要考查非均衡的特点，以及如何调整非均衡点，主要出现在选择题中。

例句 Which statement about market **disequilibrium** is correct?

译文 关于市场**非均衡**的哪个说法是正确的？

考频 近 3 年 3 次

62 excess demand

释义 需求过剩

点拨 需求过剩是指在某个价格水平上，需求量大于供给量。通常结合政府干预进行考查，如最低限价。各种题型中均有涉及。

例句 With anticipation of rising house prices, wealthy households purchased several houses, creating **excess demand** for houses.

译文 随着房价预期上涨，富裕家庭购买多套房屋，从而造成了房屋市场的**需求过剩**。

考频 近 3 年 9 次

63 excess supply

释义 供给过剩

点拨 供给过剩是指在某个价格水平上，供给量大于需求量。通常结合政府干预进行考查，如最高限价。各种题型中均有涉及。

例句 Governments use stocks to smooth fluctuations in the price of a commodity like cocoa, buying when there is **excess supply** in the market and selling when there is excess demand.

译文 政府利用库存来缓和可可等大宗商品的价格波动，在市场**供给过剩**时买进，在需求过剩时卖出。

考频 近 3 年 16 次

64　price mechanism

释义 价格机制

点拨 价格机制是指在竞争过程中，与供求相互联系、相互制约的市场价格的形成和运行机制。它包括价格形成机制和价格调节机制，是市场机制中最敏感、最有效的调节机制。市场价格由需求和供给共同决定。有时候价格机制也叫作价格功能。考试中常考查价格机制的三大功能：信号功能、动机功能、限额功能。各种题型中都有所涉及。

例句 When will the **price mechanism** be least likely to reallocate resources to meet a change in consumer preferences?

译文 什么时候**价格机制**最不可能重新分配资源以满足消费者偏好的变化?

考频 近 3 年 54 次

65　consumer surplus

释义 消费者盈余

点拨 消费者盈余是指消费者消费一定数量的某种商品愿意支付的最高价格与这些商品的实际市场价格之间的差额。通常结合图形以选择题的形式考查。

例句 The **consumer surplus** would increase.

译文 **消费者盈余**将会增加。

考频 近 3 年 78 次

66 producer surplus

释义 生产者盈余

点拨 生产者盈余是指生产者在销售商品或提供服务时，实际获得的价格与愿意接受的最低价格之间的差额。通常结合图形以选择题的形式考查。

例句 Which area represents the new **producer surplus**?

译文 哪部分代表新的**生产者盈余**？

考频 近 3 年 67 次

Note

Chapter 3

Elasticity
弹性

---

67   elasticity [ˌiːlæˈstɪsətɪ]

释义 *n.* 弹性

点拨 在经济学中，弹性是指因变量对自变量变化的反应程度。考试中通常考查四种弹性的公式、定义，或结合图形以及其他相关知识点考查。各种题型中都有所涉及。

例句 Price **elasticity** of demand is different at every price.

译文 需求的价格**弹性**在每个价格下都是不同的。

考频 近 3 年 106 次

---

68   elastic [ɪˈlæstɪk]

释义 *adj.* 有弹性的

点拨 "有弹性的"是指相关弹性的计算结果大于 1，通常指因变量对自变量变化的反应程度比较大。考试中常会结合税的承担（incidence of tax）、补贴的分配（incidence of subsidy）等考查。各种题型中都有所涉及。

例句 Luxury goods, such as sports cars, are more likely to have **elastic** demand.

译文 奢侈品，如跑车，更可能具有**弹性**需求。

考频 近 3 年 98 次

---

69   inelastic [ˌɪnɪˈlæstɪk]

释义 *adj.* 非弹性的

点拨 "非弹性的"是指相关弹性的计算结果小于 1，通常指因变量对自变量变化的反应程度比较小。考试中常会结合税的承担、补贴的分配等考查。各种题型中都会有所涉及。

例句 The demand for the goods produced by the firm is price-**inelastic**.

译文 对公司生产的商品的需求价格是**非弹性的**。

考频 近 3 年 147 次

70 price elasticity of demand

释义 需求的价格弹性

点拨 需求的价格弹性可以缩写为 PED，用于衡量一种商品或服务的需求量对商品或服务的价格变化的敏感性。考试中常考查其概念、公式、线的弹性、线上点的弹性及需求的价格弹性与总收入的关系，也可以结合间接税（indirect taxes）、补贴（subsidy）等进行考查。涉及各种题型。

例句 What would be the **price elasticity of demand** for smartphones if their price fell from US $100 to US $90 and the quantity demanded rose from 200 to 250?

译文 如果智能手机的价格从 100 美元下降到 90 美元，而需求量从 200 台上升到 250 台，**需求的价格弹性**是多少？

考频 近 3 年 45 次

71 price elasticity of supply

释义 供给的价格弹性

点拨 供给的价格弹性可以缩写为 PES，用于衡量一种商品或服务的供给量对该商品或服务的价格变化的敏感性。考试中常考查其概念、公式、

线的弹性、线上点的弹性，也会结合间接税、补贴等进行考查。各种
题型中均有涉及。

例句 Four firms produce furniture. The table shows the **price elasticity of supply** (PES) for each firm. If the price of furniture rises by 5%, which firm would experience an increase in quantity supplied of 2.5%?

译文 四个公司生产家具。该表显示了每个公司的**供给的价格弹性**（PES）。如果家具价格上涨 5%，哪个公司的供给量会增加 2.5%？

考频 近 3 年 36 次

72　perfectly inelastic

释义 完全无弹性的

点拨 "完全无弹性的"是指相关弹性的计算结果为 0。考试中通常会结合税的承担、补贴的分配等知识点进行考查。各种题型中都会有所涉及。

例句 Demand is **perfectly inelastic**.

译文 需求是**完全无弹性的**。

考频 近 3 年 17 次

73　perfectly elastic

释义 完全弹性的

点拨 "完全弹性的"是指相关弹性的计算结果为无穷大。考试中通常会结合税的承担、补贴的分配等知识点进行考查。各种题型中都会有所涉及。

例句 Demand is **perfectly elastic**.

译文 需求是**完全弹性的**。

考频 近 3 年 15 次

74 income elasticity of demand

释义 需求的收入弹性

点拨 需求的收入弹性可以缩写为 IED，是指在价格和其他因素不变的条件下，由消费者的收入变化所引起的需求量发生变化的程度。考试中通常考查它的计算、定义，也会结合图形考查。各种题型中都会有所涉及。

例句 Which good has an **income elasticity of demand** which is always + 1?

译文 哪种商品的**需求的收入弹性**始终为 + 1？

考频 近 3 年 46 次

75 cross elasticity of demand

释义 需求的交叉弹性

点拨 需求的交叉弹性可以用 XED 表示，是指在一定时期内一种商品的需求量的变动对另一种商品价格变动的反应程度。考试中通常考查它的计算、定义，也会结合图像考查。各种题型中都会有所涉及。

例句 What is the **cross-elasticity of demand** for Good Y with respect to Good X?

译文 商品 Y 相对于商品 X 的**需求的交叉弹性**是多少？

考频 近 3 年 37 次

Note

Market Failure
市场失灵

76 market failure

释义 市场失灵

点拨 市场失灵是指自由市场没有使资源分配达到最优效果，因而出现生产或消费的某种商品过多或过少的情况。考试中常考查市场失灵的原因、表现以及解决市场失灵问题的办法，各种题型中均有涉及。

例句 With the help of a diagram, assess the extent to which a government can intervene to correct this **market failure**.

译文 借助图表，评估在多大程度上政府可以干预以纠正这种**市场失灵**。

考频 近3年19次

77 merit goods

释义 有益品

点拨 有益品是指社会倾向于鼓励消费的那些产品或服务，其消费量通常高于个人愿意消费的数量，例如疫苗、教育等。考试中主要考查其概念以及政府干预的影响，各种题型中均会涉及。

例句 A government regards fresh fruit and vegetables as **merit goods**, and subsidies agriculture to boost their production.

译文 政府将新鲜水果和蔬菜视为**有益品**，并对农业进行补贴，以提高其产量。

考频 近3年10次

78 demerit goods

释义 无益品

点拨 无益品是指具有负外部性的商品，商家和消费者可能因市场信息不对称而过度供应和消费，例如香烟、高糖饮料等。主要考查其概念和政府干预的影响。在各种题型中均有涉及。

例句 State what is meant by a **demerit good**, and with the help of a diagram explain how a tax on producers can improve the allocation of resources in the market for sugar-sweetened drinks.

译文 说明**无益品**的含义，并借助图表解释如何采用对生产者征税这一政策来改善含糖饮料市场的资源配置。

考频 近3年5次

79 private benefits

释义 私人收益

点拨 个人（企业或家庭）在其经济活动中获得的收益。考试中常与私人成本、社会成本、社会收益结合考查其概念，选择题中出现频率较高。

例句 The diagram shows the marginal **private benefit** (MPB), the marginal private cost (MPC) and the marginal social cost (MSC) of a firm producing chemicals.

译文 该图显示了生产化学品企业的边际**私人收益**（MPB）、边际私人成本（MPC）和边际社会成本（MSC）。

考频 近3年4次

80 external benefits

释义 外部收益

点拨 通常结合图形考查，各种题型中都有所涉及。

例句 **External benefits** can lead to market failure as they are not fully captured by the market price.

译文 **外部收益**可能导致市场失灵，因为它们没有被市场价格充分反映。

考频 近3年16次

81　private costs

释义 **私人成本**

点拨 私人成本是个人（企业或家庭）在生产或其他经济活动中产生的成本。考试中常结合私人收益、外部收益、外部成本、社会收益、社会成本等考查，主要出现在选择题中。

例句 **Private costs** therefore are the costs incurred by firms, individuals or others who actually carry out the particular action, either as producers or consumers.

译文 因此，**私人成本**是指企业、个人或其他实际执行特定行动的人作为生产者或消费者所产生的成本。

考频 近3年3次

82　external costs

释义 **外部成本**

点拨 外部成本是特定行为的外部性结果，是指与个人（企业或家庭）的生产或其他经济活动有关的由第三方承担的成本，不反映在市场价格中。考试中通常和外部收益、私人成本、私人收益、社会成本、社会收益等对比考查，主要出现在选择题中。

例句 In using cost-benefit analysis, which combination shows what should be included as private cost (PC) and what should be included as **external costs** (EC).

译文 在使用成本效益分析时，哪种组合显示了应该包括哪些作为私人成本（PC）和应该包括哪些作为**外部成本**（EC）。

考频 近3年7次

83 social benefits

释义 社会收益

点拨 社会收益是私人收益和外部收益的总和。主要以选择题形式考查其概念、图形，在论述题中常要求考生结合市场失灵进行综合分析。

例句 What is equivalent to **social benefits**?

译文 什么相当于**社会收益**?

考频 近 3 年 3 次

84 social costs

释义 社会成本

点拨 社会成本是私人成本和外部成本的总和。主要考查其概念、图形，也会结合社会收益、私人成本、私人收益等进行考查，在各种题型中均有涉及。

例句 The Airports Commission in the UK recommended an expansion of airport X rather than airport Y. In considering the **social costs** and benefits of this decision, what would be taken into account when calculating the external cost?

译文 英国机场委员会建议扩建 X 机场而不是 Y 机场。在考虑这一决定的**社会成本**和收益时，计算外部成本时应考虑哪些因素?

考频 近 3 年 6 次

85 information failure

释义 信息失灵

点拨 在考查市场失灵时会涉及信息失灵，通常结合政府干预进行考查，各种题型中都会有所涉及。

例句 Government intervention could reduce **information failure**.

译文 政府干预可以减少**信息失灵**。

考频 近3年26次

86   externality [ˌekstɜːˈnælətɪ]

释义 *n.* 外部性

点拨 外部性是市场失灵的原因之一。考试中通常结合图形考查，在各种题型中都会涉及。

例句 The growing of flowers in a private garden results in a positive **externality**.

译文 在私家花园中种植花卉会产生正**外部性**。

考频 近3年27次

87   negative externality

释义 负外部性

点拨 负外部性会导致市场失灵。通常结合图形考查，各种题型中都会涉及。

例句 The diagram shows the market for a good that creates a **negative externality** in production and no positive externalities.

译文 下图显示了一种商品的市场情况，该商品在生产过程中产生了**负外部性**，没有正外部性。

考频 近3年7次

88   positive externality

释义 正外部性

点拨 正外部性会导致市场失灵。通常结合图形考查，各种题型中都会涉及。

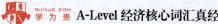

例句 The diagram shows the market for a good that creates a negative externality in production and no **positive externalities**.

译文 下图显示了一种商品的市场情况，该商品在生产过程中产生了负外部性，没有**正外部性**。

考频 近 3 年 6 次

Note

Chapter 5
Government Intervention in Markets
政府市场干预

89　taxes ['tæksɪz]

释义 *n.* 税

点拨 税是指国家为了向社会提供公共物品、满足社会共同需要、参与社会产品的分配，按照法律的规定，强制、无偿取得财政收入的一种规范形式，可以分为直接税和间接税。常考查其各种分类，各种题型中都会涉及。

例句 Governments have imposed high sales **taxes** on cigarettes and have conducted anti-smoking campaigns.

译文 各国政府对香烟征收高额销售**税**，并开展了反吸烟运动。

考频 近 3 年 61 次

90　direct taxes

释义 直接税

点拨 不能转嫁，而由纳税人直接负担的税收被称为直接税。常考查直接税的特点、作用、影响等，各种题型中均会涉及。

例句 Discuss whether cuts in **direct taxes** would increase the demand for all types of consumer goods in China.

译文 讨论**直接税**的削减是否会增加中国对各类消费品的需求。

考频 近 3 年 13 次

91　indirect taxes

释义 间接税

点拨 是指纳税人能将税负转嫁给他人负担的税收。考查范围广，常会考查征收间接税对价格水平、产量、市场均衡、社会福利等方面的影响，也会结合弹性进行考查，各种题型中均会涉及。

例句 What is the total amount, in $ billions, of tax revenue raised by **indirect taxes**?

译文 以 10 亿美元计，**间接税**带来的税收总额是多少？

考频 近 3 年 37 次

92 progressive tax

释义 累进税

点拨 累进税制度下，随着税基的增加，税率不断增加；直接税通常是累进税。常考查其与累退税的区别或结合收入 / 财富分配不均问题进行考查，通常以选择题的形式出现。

例句 A **progressive tax** is one that takes a higher percentage of a person or firm's income as that income rises.

译文 **累进税**是指随着个人或公司收入的增加，对其收入所征收的比例也随之上升。

考频 近 3 年 4 次

93 regressive tax

释义 累退税

点拨 累退税制度下，随着税基的增加，税率不断下降；间接税通常是累退税。常考查其与累进税的区别或结合收入 / 财富分配不均问题进行考查，通常以选择题的形式出现。

例句 In contrast, in the case of a **regressive tax**, a smaller percentage of income is taken as income rises.

译文 与此相反，在**累退税**的情况下，随着收入的增加，所征收的收入比例会越来越小。

考频 近 3 年 5 次

94 subsidy [ˈsʌbsədɪ]

释义 *n.* 补贴

点拨 补贴是指政府为鼓励生产者生产某种商品或提供某种服务而给予的补助金。出口补贴是补贴的一种类型。补贴的作用和税收的作用相反。各种题型中都会有所涉及。

例句 Which area shows the total government spending on the **subsidy**?

译文 哪个区域显示了政府在**补贴**上的总支出？

考频 近 3 年 38 次

95 maximum price

释义 最高价格

点拨 政府干预的一种措施，通常结合图形考查最高价格及最高价格的优缺点，各种题型中都会有所涉及。

例句 A government introduces a **maximum price** for house rentals.

译文 政府对房租设定了**最高价格**。

考频 近 3 年 47 次

96 minimum price

释义 最低价格

点拨 政府干预的一种措施，通常结合图形考查最低价格及最低价格的优缺点，各种题型中都会有所涉及。

例句 The government has set a **minimum price** for a product.

译文 政府设定了商品的**最低价格**。

考频 近 3 年 22 次

97 regulations [ˌreɡjuˈleɪʃ(ə)nz]

释义 *n.* 规章制度

点拨 经济学中规章制度是政府解决由外部性导致的市场失灵问题的重要方式。在选择题中常会涉及。

例句 **Regulations** limit the number of fish being caught to prevent over-fishing.

译文 **规章制度**限制捕捞鱼类的数量，以防止过度捕捞。

考频 近 3 年 8 次

98 pollution permits

释义 排放许可

点拨 一种以许可市场为基础的污染控制制度，允许企业在一定限度内污染环境；是政府解决由负外部性导致的市场失灵的一种方式。直接考查的情况不多，但是会在论述题中涉及，也会结合产权、税收、规章制度进行综合考查。

例句 A fourth form of intervention is through **pollution permits**, or tradable permits, whereby polluting firms are provided with a permit to produce a given level of pollution.

译文 第四种干预形式是通过**排放许可**或可交易许可，即向污染企业提供给定污染水平的排放许可。

考频 近 3 年 4 次

99 property rights

释义 产权

点拨 A-Level 考试中，产权指一种基于市场办法解决负外部性问题的方法；拥有产权的一方可以向损害产权的一方收费，从而达到减少负外部性的目的。直接考查的频率不高，但是在考查市场失灵和外部性的题目中会出现对产权的分析和评估。

例句 If a property right can be established, a market solution can usually be reached through agreement to extend these **property rights** to those causing the negative externality.

译文 如果可以确立**产权**，通常可以通过协议将这些产权扩展到造成负外部性的主体的身上，从而达成市场解决方案。

考频 近 3 年 2 次

Note

Part II

Macroeconomic Performance and Policy 宏观经济表现和政策

Chapter 6
Measures of Economic Performance
经济表现衡量

100 gross domestic product (GDP)

释义 国内生产总值

点拨 GDP 被经济学家、政府和国际组织用来评估一个经济体的生产、收入和支出情况。主要考查其定义、实际 GDP（real GDP）和名义 GDP（nominal GDP）的区别、GDP 的计算等，常出现在数据分析题中。

例句 The Measure of Economic Welfare (MEW) is often regarded as a better measure of economic welfare than **Gross Domestic Product (GDP)** per head.

译文 经济福利衡量标准（MEW）通常被认为是比人均**国内生产总值（GDP）**更好的经济福利指标。

考频 近 3 年 11 次

101 nominal GDP

释义 名义国内生产总值

点拨 名义国内生产总值是以当年市场价格统计的国内生产总值。常通过选择题形式考查其与实际 GDP 的区别。

例句 The table shows the **nominal GDP** growth rate and annual inflation rate in four countries, W, X, Y and Z.

译文 该表显示了 W、X、Y、Z 四个国家的**名义国内生产总值**增长率和年通货膨胀率。

考频 近 3 年 3 次

102　real GDP

释义　实际国内生产总值

点拨　指以恒定价格计算的 GDP，移除了通货膨胀因素。常结合总需求（aggregate demand）及总供给（aggregate supply）考查，有时在图中作为横坐标出现，在各种题型中均有涉及。

例句　A government is committed to increasing **real GDP** using only fiscal and monetary policies. Which combination of measures is likely to be the most effective in achieving this aim?

译文　一国政府致力于仅通过财政政策和货币政策来提高**实际国内生产总值**。哪种措施组合能最有效地实现这一目标？

考频　近 3 年 26 次

103　national income

释义　国民收入

点拨　国民收入是一个国家物质生产部门劳动者在一定时期所创造的价值。总产出等于总收入，也等于总支出。考试中常会考查国民收入的核算、均衡的国民收入，也会结合净国民收入（NNI）、国民总收入（GNI）等通过选择题、数据分析题形式考查。

例句　During a year, a country's **national income** in money terms increased by 3%, prices increased by 4% and total population increased by 1%.

译文　在一年中，一个国家的**国民收入**按货币计增长了 3%，物价上涨了 4%，总人口增长了 1%。

考频　近 3 年 70 次

104　transfer payment

释义　转移支付

点拨 对特定人群的转移支付包括失业救济金、国家养老金和国债利息支出等，转移支付不会带来任何产出。主要通过选择题的形式考查其定义、与补贴的区别等。

例句 What is definitely not involved when a **transfer payment** is made?

译文 当发生**转移支付**时，绝对不涉及什么？

考频 近3年6次

105 inflation rate

释义 通货膨胀率

点拨 指一般物价总水平在一定时期（通常为一年）内的上涨率，反映通货膨胀的程度。考试中主要考查通货膨胀率的计算、变化结果，或结合其他宏观经济目标进行考查。各种题型中均会涉及。

例句 If the minimum **inflation rate** target set by central banks was 4% per year, at which points would they allow interest rates to fall?

译文 如果中央银行设定的最低**通货膨胀率**目标是每年4%，那么它们会允许利率下降多少个点呢？

考频 近3年33次

106 consumer price index (CPI)

释义 消费者物价指数

点拨 指衡量物价总水平的标准，考点为CPI的计算和用CPI衡量物价的变化情况，在选择题和数据分析题中均有考查。

例句 An economy adopts an expansionary monetary policy to boost employment. A result of this policy is that the **consumer price index** rises at an accelerating rate.

译文 一个经济体采取扩张性货币政策来促进就业。这一政策的结果是，**消费者物价指数**上升速度加快。

考频 近3年3次

107 hyperinflation [ˌhaɪpərɪnˈfleɪʃn]

释义 *n.* 恶性通货膨胀

点拨 恶性通货膨胀的判断标准是一般物价水准每月上涨率超过 50%。考试中常考查其概念、产生原因及结果，主要以论述题的形式考查。

例句 With reference to one function of money explain why **hyperinflation** in Zimbabwe caused the country to abandon its currency in 2008.

译文 参照货币的一个功能，解释为什么津巴布韦的**恶性通货膨胀**导致该国在 2008 年放弃使用其货币。

考频 近 3 年 7 次

108 deflation [ˌdiːˈfleɪʃn]

释义 *n.* 通货紧缩

点拨 通货紧缩指一般物价水平的持续普遍下降，此时通货膨胀率为负。考点为通货紧缩的定义、原因、解决办法等，在各种题型中均会涉及。

例句 Discuss whether an expansionary monetary policy will be successful in correcting **deflation**.

译文 讨论扩张性货币政策是否能成功地抑制**通货紧缩**。

考频 近 3 年 22 次

109 disinflation [ˌdɪsɪnˈfleɪʃ(ə)n]

释义 *n.* 通货膨胀率下降

点拨 通货膨胀率下降意味着物价上涨的速度放缓，但物价仍在上涨，通货膨胀率为正的情况。考试中主要考查概念、与通货紧缩的区别，主要通过选择题形式进行考查。

例句 Which statement describes **disinflation**?

译文 哪个表述描述了**通货膨胀率下降**?

考频 近 3 年 3 次

110 unemployment [ˌʌnɪmˈplɔɪmənt]

释义 *n.* 失业

点拨 失业的人是没有工作,但有能力工作、愿意工作和正在寻找工作的人。考试中常考查失业的类型,或结合总需求和总供给的图形进行考查。在各种题型中均会涉及。

例句 Economic growth will always decrease the level of **unemployment**. How far do you agree with this statement?

译文 经济增长总是会降低**失业**水平。你在多大程度上同意这种说法?

考频 近 3 年 118 次

111 frictional unemployment

释义 摩擦性失业

点拨 摩擦性失业是一种临时性失业,常发生在工人换工作时。考试中常常以选择题和论述题的形式考查其概念、与其他类型失业的区别。

例句 Explain the difference between **frictional unemployment** and real wage (classical) unemployment.

译文 解释**摩擦性失业**和实际工资性(古典)失业之间的区别。

考频 近 3 年 6 次

112 structural unemployment

释义 结构性失业

点拨　结构性失业是由于经济结构的变化而导致的失业。考点主要包括概念、与其他类型失业的区别、对结构性失业的判断等，常以选择题和论述题的形式考查。

例句　What would increase **structural unemployment** in the manufacturing sector of the US?

译文　什么会增加美国制造业的**结构性失业**？

考频　近 3 年 6 次

113　cyclical unemployment

释义　周期性失业

点拨　也称为总需求不足的失业，是由总需求不足引起的。考点主要包括概念、与其他类型失业的区别、对周期性失业的图形描述和判断，在各种题型中均会考查。

例句　Discuss whether in a period of very low interest rates, monetary policy alone can solve the problem of **cyclical unemployment**.

译文　讨论在极低利率时期，单靠货币政策能否解决**周期性失业**问题。

考频　近 3 年 4 次

114　unemployment rate

释义　失业率

点拨　失业率是指失业人数占总劳动力人数的比例。考点为失业率的概念和计算，常出现在选择题中。

例句　The table gives an economy's **unemployment rate** and inflation rate for a five-year period.

译文　这个表格列示了一个经济体的 5 年期**失业率**和通货膨胀率。

考频　近 3 年 7 次

115 exports [ɪk'spɔːts]

释义 *n.* 出口

点拨 出口指一个国家或地区的产品、服务销售到国外市场，并通过跨国贸易进行支付和结算。常结合总需求曲线、贸易条款、进口进行考查，各种题型中均会涉及。

例句 After the global economic crisis of 1998, the region had been suffering from a significant decline in the **exports** of manufactured goods.

译文 1998 年全球经济危机之后，该区域的制成品**出口**大幅下降。

考频 近 3 年 125 次

116 imports [ɪm'pɔːts]

释义 *n.* 进口

点拨 进口指向非本地区居民购买生产或消费所需的原材料、产品、服务。常结合总需求曲线、贸易条款进行考查，在各种题型中均会涉及。

例句 Subsidies may be provided for reducing dependence on **imports**.

译文 补贴主要用于减少对**进口**的依赖。

考频 近 3 年 134 次

117 floating exchange rate

释义 浮动汇率

点拨 浮动汇率是由市场力量决定的汇率。常以图表形式考查，试题中会涉及导致汇率变动的因素。各种题型中均会涉及。

例句 A country has a **floating exchange rate**. An increase in which variable within that country can cause its exchange rate to appreciate?

译文　一个国家实行**浮动汇率**。哪个变量的增加会导致该国汇率上升？

考频　近 3 年 15 次

118　fixed exchange rate

释义　固定汇率

点拨　指一国政府同意以另一国货币为参照来固定本国货币价值的一种制度。常考查其图表、干预手段等，各种题型中均会涉及。

例句　A government devalues its **fixed exchange rate**. What is most likely to be its aim?

译文　一国政府使其**固定汇率**贬值。它的目标最有可能是什么？

考频　近 3 年 11 次

119　revaluation [ˌriːvæljuˈeɪʃn]

释义　*n.* 货币升值

点拨　指固定汇率下本国货币的升值，常出现在各种题型中，与货币贬值对应。

例句　A **revaluation** occurs when the government raises the exchange rate to a new, higher fixed rate.

译文　当政府将汇率提高到一个新的、更高的固定汇率水平时，就会发生**货币升值**。

考频　近 3 年 6 次

120　devaluation [ˌdiːvæljuˈeɪʃn]

释义　*n.* 货币贬值

点拨　指固定汇率下本国货币的贬值，常出现在各种题型中，与货币升值对应。

例句　Possible policies a government might use to reduce a deficit on the current

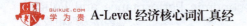

account of the balance of payments include **devaluation**, government spending cuts, interest rate rises and tariffs on imports.

译文 政府可能采取的减少国际收支经常账户赤字的政策包括**货币贬值**、削减政府开支、提高利率和征收进口关税。

考频 近 3 年 31 次

121 appreciation [əˌpriːʃɪˈeɪʃn]

释义 *n.* 升值

点拨 指浮动汇率下本国货币的升值，常出现在各种题型中，与贬值对应。

例句 An **appreciation** will make exports more expensive in terms of foreign currencies, and imports cheaper in terms of the domestic currency.

译文 **升值**将使出口品以外币计算更加昂贵，而进口品以本国货币计算则更加便宜。

考频 近 3 年 21 次

122 depreciation [dɪˌpriːʃɪˈeɪʃn]

释义 *n.* 贬值

点拨 指浮动汇率下本国货币的贬值，常出现在各种题型中，与升值对应。

例句 Assuming there is no change in their dollar price, what would be the effect of a **depreciation** in the yen on the total value of US goods imported into Japan?

译文 假设其美元价格没有变化，那么日元**贬值**对日本进口的美国商品的总价值有何影响？

考频 近 3 年 28 次

123 current account

释义 经常账户

点拨 用于记录国际收支中一个国家(或地区)的居民与世界其他国家(或地区)居民之间的商品和服务交易、主要收入(生产要素回报)和次级收入(国际转移)的账户，常考查其分类、概念，及经常账户赤字或盈余的产生原因及结果，在各种题型中均会涉及。

例句 What is most likely to be an appropriate government action to reduce both a balance of payments **current account** surplus and the rate of inflation?

译文 要同时减少国际收支**经常账户**盈余和通货膨胀率，最可能采取的一个合适的政府行动是什么？

考频 近 3 年 54 次

124 financial account

释义 金融账户

点拨 金融账户指在国际收支中记录某国(或地区)与其他国家(或地区)之间金融资产转移的账户。考试中常考查它的特征，以及结合其他账户考查其对国际收支的影响，通常以选择题的形式出现。

例句 Which item should be recorded in the **financial account** of a country's balance of payments?

译文 在一个国家的国际收支中，哪个项目应该被记录在**金融账户**中？

考频 近 3 年 11 次

Note

Chapter 7

Aggregate Demand and Aggregate Supply

总需求和总供给

125 aggregate demand (AD)

释义 总需求

点拨 总需求是经济中有效需求的总量，在经济学中用来描述消费者(家庭)、企业和政府的总支出加上外国消费者净支出(净出口值)。考点包括引起总需求曲线变动的因素、计算、总需求和总供给的均衡分析等，各种题型中均会涉及。

例句 The government wishes to increase **aggregate demand**. Which actions would be most likely to succeed?

译文 政府希望增加**总需求**。哪些行动最有可能成功?

考频 近 3 年 42 次

126 aggregate supply (AS)

释义 总供给

点拨 总供给是一个国家所有生产者的总产出。考点包括短期总供给(short-run AS)和长期总供给(long-run AS)的区分、古典总供给曲线和凯恩斯主义总供给曲线的区别、引起总供给曲线变化的因素、总需求和总供给的均衡分析等。在各种题型中均会涉及。

例句 The initial equilibrium point is shown by X on the aggregate demand, AD, and **aggregate supply**, AS, diagram.

译文 在总需求和**总供给**图上，初始均衡点用 X 表示。

考频 近 3 年 28 次

127 circular flow of income

释义 收入循环流动（模型）

点拨 该经济模型在经济学中也会用 "circular flow" 表示。收入循环流动模型显示了收入、支出和产出如何在一个经济体（包含开放经济体和封闭经济体）中流动。考点包括影响流入和流出的因素、模型图形，也会结合乘数（multiplier）考查乘数效应，主要在选择题和数据分析题中出现。

例句 What will be the increase in national income if there is an injection of $100 million into the **circular flow**?

译文 如果在**收入循环流动（模型）**中注入 1 亿美元，国民收入会增加多少？

考频 近 3 年 9 次

128 multiplier ['mʌltɪplaɪə(r)]

释义 *n.* 乘数

点拨 乘数体现的是支出的初始变化与 GDP 的最终增长之间的关系。乘数也被称为国民收入乘数。另一个关于乘数的概念是银行信用乘数，它体现的是银行的信用创造能力。考试中主要考查乘数的概念、计算及影响因素，以选择题居多。

例句 What describes the **multiplier** process, as it operates within a closed economy with no government sector?

译文 在一个没有政府部门干预的封闭经济中，应该如何描述**乘数**过程呢？

考频 近 3 年 11 次

129 open economy

释义 开放经济体

点拨 开放经济体是指参与国际贸易的经济体。常考查开放经济体的特征、相关图形，也会考查在开放经济体中降低通货膨胀率的政策组合，各种题型中均会涉及。

例句 What will decrease if an **open economy** experiences a positive output gap?

译文 如果一个**开放经济体**出现正的产出缺口，那么什么会减少呢？

考频 近 3 年 7 次

130 closed economy

释义 **封闭经济体**

点拨 与开放经济体相对，封闭经济体是指不出口或进口商品和服务的经济体，属于假设模型，在现实中并不存在完全封闭的经济体。常考查封闭经济体的总需求计算、图形、宏观政策的选择及乘数效应等，各种题型中均会涉及。

例句 In a **closed economy** a rise in aggregate demand is needed to increase output in the country.

译文 在一个**封闭经济体**中，总需求的增加导致需要增加该国的产出。

考频 近 3 年 15 次

131 marginal propensity to save (MPS)

释义 **边际储蓄倾向**

点拨 是指因收入提高而实现的储蓄提高的幅度。其计算公式为 $MPS = \Delta S / \Delta Y$（S 表示储蓄，Y 表示收入），常结合乘数考查计算，主要出现在选择题中。

例句 In a closed economy, the **marginal propensity to save** is 0.1 and the marginal propensity to pay taxes is also 0.1.

译文 在封闭经济体中，**边际储蓄倾向**是 0.1，边际纳税倾向也是 0.1。

考频 近 3 年 9 次

132　marginal propensity to import (MPM or MPI)

释义 边际进口倾向

点拨 边际进口倾向是指进口增加在国民收入增加中所占的比例。计算公式为 $MPM = \Delta M/\Delta Y$（M 表示进口，Y 表示收入），会和边际消费倾向、边际储蓄倾向等结合考查，主要出现在选择题中。

例句 In an economy, the marginal propensity to consume is 0.2, the marginal propensity to save is 0.3, the marginal propensity to tax is 0.3 and the **marginal propensity to import** is 0.2 at all levels of income.

译文 在一个经济体中，在所有收入水平上，边际消费倾向为 0.2，边际储蓄倾向为 0.3，边际税收倾向为 0.3，**边际进口倾向**为 0.2。

考频 近 3 年 3 次

133　marginal propensity to consume (MPC)

释义 边际消费倾向

点拨 边际消费倾向是指因收入提高而实现的消费提高的幅度，计算公式为 $MPC = \Delta C/\Delta Y$（C 表示消费，Y 表示收入），会和边际进口倾向、边际储蓄倾向等结合考查，主要出现在选择题中。

例句 Explain what economists mean by the **marginal propensity to consume** and consider the importance of this concept in relation to government macroeconomic policy.

译文 解释经济学家所说的**边际消费倾向**的概念，并考虑这个概念在政府宏观经济政策中的重要性。

考频 近 3 年 14 次

Chapter 8
Macroeconomic Objectives & Policies
宏观经济目标与政策

134 economic growth

释义 经济增长

点拨 指一个国家或地区在一定时期内的总产出与前期相比所实现的增长，是宏观经济目标之一。常考查其衡量指标、计算、图形表示、与其他宏观经济目标的关系，各种题型中均有涉及。

例句 Which influence is least likely to promote sustainable **economic growth** in a developing economy?

译文 哪种影响最不可能促进发展中经济体的可持续**经济增长**？

考频 近 3 年 54 次

135 price stability

释义 物价稳定

点拨 物价稳定是指价格指数相对稳定，不会出现通货膨胀，避免了价格波动；也是宏观经济目标之一。考点包括概念、与其他宏观经济目标的关系，常出现在选择题和论述题中。

例句 Which policy is most likely to conflict with a government's aim of **price stability** in the short run?

译文 哪一项政策最有可能与政府的短期**物价稳定**目标相冲突？

考频 近 3 年 5 次

136 balance of payments

释义 国际收支

点拨 国际收支是指一个国家在一定时期内由对外经济往来、对外债权债务清算而引起的所有货币收支。常考查其账户种类、账户区别，也会考查国际收支盈余和赤字产生的原因及结果。常以选择题和论述题的形式进行考查。

例句 Expenditure-reducing policies will reduce a **balance of payments** deficit but will also cause significant unemployment. Evaluate this statement.

译文 削减支出的政策将减少**国际收支**赤字，但也会导致大量失业。请评价一下这个表述。

考频 近 3 年 51 次

137 fiscal policy

释义 财政政策

点拨 财政政策旨在利用税收和政府支出来管理总需求，以实现政府的宏观经济目标。主要考查财政政策的具体手段、优缺点、与其他政府干预政策的区别等，各种题型中均会涉及。

例句 Explain how a change in **fiscal policy** proposed by the European Parliament for 2021 regarding biodiesel could affcct the economies of palm oil producing countries such as Malaysia and Indonesia.

译文 请解释欧洲议会提出的 2021 年关于生物柴油的**财政政策**变化如何影响马来西亚和印度尼西亚等棕榈油生产国的经济情况。

考频 近 3 年 24 次

138 expansionary fiscal policy

释义 扩张性财政政策

点拨 扩张性财政政策旨在增加总需求，这可以通过政府增加支出、降低税率或削减税基来实现。主要通过选择题和论述题的形式进行考查。

例句 What could be described as an **expansionary fiscal policy**?

译文 什么可以被描述为**扩张性财政政策**？

考频 近 3 年 3 次

139 contractionary fiscal policy

释义 收缩性财政政策

点拨 收缩性财政政策旨在降低总需求的增长，从而降低物价水平。主要通过选择题和论述题的形式进行考查。

例句 What is an example of **contractionary fiscal policy**?

译文 **收缩性财政政策**的例子是什么？

考频 近 3 年 4 次

140 monetary policy

释义 货币政策

点拨 货币政策是指任何影响货币价格或数量的政策工具，主要通过调整利率、调整汇率、设置信用条款等方式执行。常考查其执行方式、优缺点、与其他政策的对比等。各种题型中均会涉及。

例句 What is an example of the use of **monetary policy**?

译文 使用**货币政策**的一个例子是什么？

考频 近 3 年 33 次

141 exchange rate

释义 汇率

点拨 汇率是一种货币用另一种货币表示的价格。常考查其衡量指标、变化的原因及影响，各种题型中均会涉及。

例句 A country with a floating **exchange rate** experiences a large surplus on the current account of its balance of payments.

译文 实行浮动**汇率**的国家，其国际收支的经常账户有大量盈余。

考频 近3年66次

142　expansionary monetary policy

释义 扩张性货币政策

点拨 扩张性货币政策可以用来增加总需求。降低利率、增加货币供给和减少对银行贷款的限制都可以实现经济增长。各种题型中均会涉及。

例句 What will happen if a government persists in trying to achieve a target rate of unemployment of 3% by **expansionary monetary policy**?

译文 如果政府坚持通过**扩张性货币政策**将失业率控制在3%，将会发生什么？

考频 近3年4次

143　contractionary monetary policy

释义 收缩性货币政策

点拨 为了减少总需求采取的货币政策。增加利率、减少货币供给和增加对银行贷款的限制等都可以降低总需求。各种题型中均会涉及。

例句 An increase in which variable is a **contractionary monetary policy**?

译文 哪个变量的增加是**收缩性货币政策**？

考频 近3年4次

144　supply-side policy

释义 供给侧政策

点拨 旨在对长期总供给(特别是经济的潜在产能或产出)产生直接影响的一系列措施。常考查它的两种类型、优缺点、与其他政策的对比等,各种题型中均会涉及。

例句 Which combination of **supply-side policies** would shift the Lorenz curve from X to Y?

译文 哪种**供给侧政策**组合会使洛伦兹曲线从 X 向 Y 移动?

考频 近 3 年 6 次

145 deregulation [ˌdiːˌreɡjuˈleɪʃn]

释义 *n.* 放松管制

点拨 指的是政府为了鼓励竞争而取消市场上对生产者的限制,主要以选择题的形式进行考查。

例句 Privatisation, **deregulation** and labour market reforms are aimed at raising aggregate supply by increasing competition and reducing the cost and effort involved in complying with government rules and regulations.

译文 私有化、**放松管制**和劳动力市场改革的目的是通过增加竞争和减少遵守政府规章制度的成本和努力来提高总供给。

考频 近 3 年 3 次

146 quantitative easing (QE)

释义 量化宽松

点拨 当利率很低时,中央银行可以通过量化宽松政策来增加总需求,具体操作是从以商业银行为首的金融机构购买不同期限的政府和私人证券,来增加货币供应量,从而刺激投资和消费,以增加总需求和经济活力。常考查量化宽松对经济增长等宏观经济目标的影响,也会和其他刺激经济增长的政策进行对比考查,各种题型中均会涉及。

例句 Explain what is meant by **quantitative easing (QE)** and consider whether it is an effective policy to be used in a recession.

译文 解释**量化宽松**(QE)的含义，并考虑在经济衰退中使用它是不是一项有效的政策。

考频 近 3 年 12 次

147 privatisation [ˌpraɪvətaɪˈzeɪʃən]

释义 *n.* 私有化

点拨 私有化涉及将资源从公有转为私有。主要考查概念、特点，常以选择题的形式进行考查。

例句 What best illustrates the process of **privatisation**?

译文 什么最能说明**私有化**的过程？

考频 近 3 年 6 次

148 nationalisation [ˌnæʃnəlaɪˈzeɪʃn]

释义 *n.* 国有化

点拨 指将私人企业的生产资料收归国家所有的过程。主要考查概念和特点，常以选择题的形式进行考查。

例句 What will definitely stop, following the **nationalisation** of an industry?

译文 一个行业**国有化**之后，什么肯定会停止？

考频 近 3 年 4 次

Note

Part Ⅲ ★

Business Behaviour 企业行为

Chapter 9

The Objectives of Individuals and Firms
个人和企业目标

---

149 **industry** [ˈɪndəstrɪ]

释义 *n.* 行业

点拨 指提供相似产品或服务的企业的集合。各种题型中均会涉及。

例句 An electronics firm, which began as a semiconductor firm making simple memory chips, has used continuous research and investment to emerge as an **industry** leader.

译文 从生产简单存储芯片的半导体起家的一家电子企业，通过不断地研究和投资，成为**行业**的领军。

考频 近3年85次

---

150 **firm** [fɜːm]

释义 *n.* 公司

点拨 公司是适应市场经济社会化大生产的需要而形成的一种企业组织形式，考试中有时也写作 corporation。各种题型中均会涉及。

例句 Which diagram shows a monopolistically competitive **firm** in long-run equilibrium?

译文 哪幅图显示了长期均衡中的垄断竞争**公司**？

考频 近3年219次

---

151 **primary sector**

释义 第一产业

点拨 第一产业一般指农业、林业、牧业、渔业(不含农、林、牧、渔服务业)。主要以选择题或者数据分析题的形式考查。

例句 The chart provides information about employment rates, as a percentage of total employment, in the **primary**, secondary and tertiary **sector** of four countries.

译文 图表提供了四个国家**第一**、第二和第三**产业**的就业率，即总就业百分比的资料。

考频 近 3 年 2 次

152 secondary sector

释义 第二产业

点拨 第二产业主要是指利用自然界和第一产业提供的基本材料进行加工处理的产业，包括轻工业和重工业等。主要以选择题或者数据分析题的形式考查。

例句 The chart provides information about employment rates, as a percentage of total employment, in the primary, **secondary** and tertiary **sector** of four countries.

译文 图表提供了四个国家第一、**第二**和第三**产业**的就业率，即总就业百分比的资料。

考频 近 3 年 2 次

153 tertiary sector

释义 第三产业

点拨 第三产业主要涵盖了所有服务行业，如金融、教育、医疗保健和旅游业等。主要通过选择题或者数据分析题的形式考查。

例句 The chart provides information about employment rates, as a percentage of total employment, in the primary, secondary and **tertiary sector** of four countries.

译文 图表提供了四个国家第一、第二和**第三产业**的就业率，即总就业百分比的资料。

考频 近 3 年 4 次

154 integration [ˌɪntɪˈɡreɪʃ(ə)n]

释义 *n.* 整合

点拨 整合是指将公司的各个部分整合到一起，包括水平（horizontal）整合、垂直（vertical）整合和综合（conglomerate）整合，通过兼并（merger）或收购（acquisition）来实现。考试中有时直接考查整合，有时通过兼并和收购来考查整合，各种题型中均会涉及。

例句 Explain the difference between, and the purpose of, **integration** between firms and a cartel.

译文 解释企业与卡特尔之间**整合**的区别和目的。

考频 近 3 年 6 次

155 merger [ˈmɜːdʒə(r)]

释义 *n.* 兼并

点拨 兼并是整合的一种形式，兼并可以实现内部增长（internal growth），与收购相比，兼并倾向于较少的争议，即双方均同意合并。常出现在选择题中。

例句 A director becomes redundant as the result of a company **merger**.

译文 由于公司**兼并**，一名董事被解雇了。

考频 近 3 年 10 次

156 internal growth

释义 内部增长

点拨 对于公司，内部增长指企业依靠自身资源和能力，通过内部管理和运营的优化，实现生产规模扩大和效益提升的增长方式。主要通过选择题进行考查。

例句 This is likely to involve less risk than if the oil company pursues **internal growth** as it may be uncertain as to what reserves it has available.

译文 如果石油公司追求**内部增长**，这可能涉及更小的风险，因为它可能不确定自己有多少可用储量。

考频 近 3 年 5 次

157 external growth

释义 外部增长

点拨 指企业从外部环境和因素中获取增长动力和机会，如通过收购或兼并的方式与其他企业进行联合扩张。主要通过选择题形式进行考查。

例句 **External growth** may be a quicker and cheaper route for firms than internal growth, especially when there are high fixed costs.

译文 对于企业来说，**外部增长**可能是一条比内部增长更快、更便宜的途径，尤其是在固定成本较高的情况下。

考频 近 3 年 2 次

158 horizontal merger

释义 水平兼并

点拨 是整合（integration）的一种形式，是一个企业为加强其在某一行业中的地位而采用的策略。主要考查形式为选择题。

例句 A series of **horizontal mergers** generate economies of scale and create a monopoly in the industry.

译文 一系列的**水平兼并**产生了规模经济，形成了行业垄断。

考频 近 3 年 2 次

159 **vertical integration**

释义 垂直整合

点拨 是整合（integration）的一种形式，是一个公司通过进入其生产过程或供应链的前一个或后一个阶段进行整合的形式，包括向后垂直整合（vertical integration backwards）和向前垂直整合（vertical integration forwards）。会和水平整合对比考查，考查形式主要是选择题。

例句 **Vertical integration** has various benefits including improved security and quality of supplies and reduced supply chain costs.

译文 **垂直整合**有各种好处，包括提高安全性和供应质量，降低供应链成本。

考频 近 3 年 3 次

160 **utility** [juːˈtɪlətɪ]

释义 *n.* 效用

点拨 效用是用来衡量消费者满意度的经济指标，考点包括边际效用、边际效用递减等内容，各种题型中都会涉及。

例句 The table shows the total **utility** that an individual derives from consuming different quantities of a good.

译文 下表显示了个人从不同数量的商品消费中获得的总**效用**。

考频 近 3 年 81 次

161 **marginal utility**

释义 边际效用

点拨 边际效用是指对某种物品的消费量每增加一单位所额外增加的满足程度。边际效用递减是指随着消费者对某种产品消费数量的增加，产品所带来的满足程度在逐渐递减。常用来解释需求曲线的形成，各种题型中都会涉及。

例句 Explain what is meant by the Law of Diminishing **Marginal Utility** and consider whether the statement above is a correct application of it.

译文 解释**边际效用**递减规律的含义，并考虑上述陈述是不是对该规律的正确应用。

考频 近3年25次

162　equi-marginal principle

释义 等边际法则

点拨 等边际法则是指决定收入在不同消费品之间分配的法则，它结合边际效用（MU）和价格（price）来考察如何在有限的预算里实现效用的最大化。常考查其计算或用其概念解释需求曲线的形成，各种题型中都会涉及。

例句 Analyse what is meant by the **equi-marginal principle** of consumer demand and whether it can be linked to the derivation of a market demand curve.

译文 分析消费者需求**等边际法则**的含义，以及该法则是否与市场需求曲线的推导有关。

考频 近3年6次

163　indifference curve

释义 无差异曲线

点拨 无差异曲线是用来表示两种商品或两组商品的不同数量的组合给消费者提供的效用是相同的。无差异曲线符合这样一个要求：如果听任消费者对曲线上的点作选择，那么，所有的点对他都是同样可取的，因为任一点所代表的组合给他带来的满足都是无差异的。可以用来分析正常商品、劣等商品和吉芬商品（normal good，inferior good，giffen good），也可以用来推导需求曲线的形成。经常和预算线（budget line）一起考查。各种题型中均会涉及。

例句 Use **indifference curve** analysis to discuss why a manufacturer might be interested in a consumer's reaction to an equal rise in price for a normal good and a giffen good.

译文 使用**无差异曲线**分析来讨论为什么制造商可能会对消费者对普通商品和吉芬商品同等价格上涨的反应感兴趣。

考频 近 3 年 24 次

164 budget line

释义 预算线

点拨 预算线表示在收入和商品价格一定的条件下消费者所能购买的各种商品组合点的轨迹。通常和无差异曲线结合考查,各种题型中均有涉及。

例句 The diagram shows a consumer's indifference curves and a **budget line** for electronic goods.

译文 该图显示了消费者的无差异曲线和电子产品的**预算线**。

考频 近 3 年 42 次

165 substitution effect

释义 替代效应

点拨 替代效应表示当 X 商品的价格相对于 Y 商品的价格下降时,消费者倾向于购买 X 替代 Y。经常和收入效应(income effect)同时出现,各种题型中均会涉及,更多出现在选择题中。

例句 What would be the resulting income and **substitution effect** on the quantity demanded of broken rice if its price falls?

译文 如果碎米的价格下降,由此产生的对碎米需求量的收入效应和**替代效应**是什么?

考频 近 3 年 14 次

166 income effect

释义 收入效应

点拨 收入效应反映价格变化对购买力的影响。经常和替代效应同时考查，各种题型中均会涉及。

例句 The **income effect** of the price increase will result in reduced consumption for all goods.

译文 价格提高的**收入效应**将导致消费者减少对所有商品的消费。

考频 近3年14次

167 profit maximisation

释义 利润最大化

点拨 利润最大化是指使总收入与总成本之间的差额最大化，是企业的经营目标之一。常结合不同市场的图形进行考查，主要以选择题的形式出现。

例句 It changes its objective from **profit maximisation** to revenue maximisation. What effect will this have on the firm's output?

译文 它将目标从**利润最大化**转变为收入最大化。这会对公司的产出产生什么影响？

考频 近3年10次

168 diversification [daɪˌvɜːsɪfɪˈkeɪʃ(ə)n]

释义 *n.* 多样化

点拨 即增加公司的产品范围，以分散风险，也是促进企业实现目标的一种方式。一般出现在选择题中。

例句 Why might a firm adopt a policy of **diversification**?

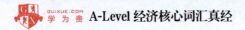

译文 为什么一家公司会采取**多样化**的政策？

考频 近3年8次

169 sales maximisation

释义 **销售最大化**

点拨 销售最大化有时候也称作收入最大化（revenue maximisation），是企业的经营目标之一。在销售最大化的情况下，公司将把产量增加到盈亏平衡点的水平，此时总收入刚好覆盖总成本。通常在选择题中结合图形对比考查不同的企业目标。

例句 **Sales maximisation** will lead to greater output than in the case of revenue maximisation.

译文 **销售最大化**将比收入最大化带来更大的产出。

考频 近3年4次

Note

Chapter 10
Revenue, Costs and Profits
收入、成本和利润

170　total product

释义　总产量

点拨　总产量是指在特定投入下生产产品的数量，也可以叫作 total output。考试中较少出现 total product 的说法，一般以 total output 的形式来考查。各种题型中都会涉及。

例句　For example, if there are no workers in the factory, there is no output or no **total product**.

译文　例如，如果工厂里没有工人，就没有产出或没有**总产量**。

考频　近 3 年出现 1 次 total product，出现 6 次 total output

171　average product

释义　平均产量

点拨　平均产量由总产量除以雇用工人的数量得出。各种题型中都会涉及。

例句　Which diagram correctly shows the relationship between the **average product** (AP) and the marginal product (MP) of labour, given that the quantities of other factor inputs remain constant?

译文　假设其他要素投入量保持不变，哪幅图正确地显示了劳动力的**平均产量**(AP)和边际产量(MP)之间的关系？

考频　近 3 年 5 次

172 marginal product

释义 边际产量

点拨 边际产量表示每额外增加一单位要素投入量导致的总产量的增加量。各种题型中都会涉及。

例句 When the number of workers employed by a firm increases, the **marginal product** of labour decreases but remains positive.

译文 当企业雇用的工人数量增加时，劳动力的**边际产量**在减少，但仍为正。

考频 近 3 年 6 次

173 law of diminishing returns

释义 收益递减定律

点拨 随着要素投入的增加，边际产出递减。当这种增加达到某个程度，边际产出可能为负。各种题型中均会考查。

例句 Explain the **law of diminishing returns** and its relevance to the shapes of the marginal cost curve and the average variable cost curve of a firm.

译文 解释**收益递减定律**及其与企业边际成本曲线和平均可变成本曲线的关系。

考频 近 3 年 5 次

174 total cost

释义 总成本

点拨 总成本为固定成本和变动成本之和。常考查其图形，各种题型中均会涉及。

例句 Diagram 1 shows the **total cost** curve for a firm. Diagram 2 shows possible marginal cost curves.

译文 图 1 显示了一个企业的**总成本**曲线。图 2 显示了可能的边际成本曲线。

考频 近 3 年 40 次

175　average cost

释义 平均成本

点拨 平均成本为总成本与总产量的比值。常结合图形考查其与边际成本的关系。各种题型中均会涉及。

例句 The diagram shows the **average cost** curves for a firm.

译文 该图显示了一家公司的**平均成本**曲线。

考频 近 3 年 33 次

176　fixed costs

释义 固定成本

点拨 总成本包括固定成本和变动成本,而固定成本不随产出的变化而变化。通常考查长 / 短期固定成本的变动情况(在短期,默认固定成本不变,而在长期默认固定成本会发生变动)、图形的画法及固定成本与其他成本的关系。各种题型中均会考查。

例句 The nature of the aircraft manufacturing industry is that it involves significant **fixed costs**.

译文 飞机制造业的本质是它涉及大量的**固定成本**。

考频 近 3 年 16 次

177　variable costs

释义 变动成本

点拨 变动成本是直接和生产过程相联系的成本，会随着产量的变化而变化。常和固定成本、边际成本、平均成本一起考查，或结合图形、长/短期变化情况进行考查。各个题型都会有所涉及。

例句 Discuss the relative importance of marginal cost and **variable costs** in determining short-run production decisions.

译文 讨论边际成本和**变动成本**在决定短期生产决策中的相对重要性。

考频 近3年25次

178 revenue [ˈrevənjuː]

释义 *n.* 收入

点拨 在 A-Level 考试中收入一般指企业销售收入，另外也用来表示政府的税收收入（tax revenue）。两方面均有所考查，各种题型中均会涉及。

例句 The diagram shows the cost and **revenue** curves of a profit-maximising monopolist.

译文 该图显示了利润最大化垄断者的成本曲线和**收入**曲线。

考频 近3年227次

179 profit [ˈprɒfɪt]

释义 *n.* 利润

点拨 利润是收入与总成本之间的差额。常考查利润的分类，也会要求考生结合图形解释利润最大化。各种题型中均会涉及。

例句 A firm in a perfectly competitive market can make either a supernormal **profit** or a loss in the short run but will only make normal profit in the long run.

译文 在完全竞争市场中，企业可能在短期内获得超常**利润**或发生超常亏损，但在长期内只能获得正常利润。

考频 近3年91次

180 returns to scale

释义 规模收益

点拨 规模收益是指在其他条件不变的情况下，企业内部各种生产要素按相同比例变化时所带来的产量变化，分为规模收益递增和规模收益递减，与规模经济和规模不经济相关。通常以选择题的形式考查。

例句 They occur because the firm's output is rising proportionally faster than the inputs, which means that the firm is getting increasing **returns to scale**.

译文 它们的出现是因为企业的产出增长速度成比例地快于投入增长速度，这意味着企业的*规模收益*增加。

考频 近3年2次

181 increasing returns to scale

释义 规模收益递增

点拨 规模效益递增是指当生产扩大，每单位的产出需要相对更少的要素投入，或者投入相同数量的生产要素，产出相对更大。通常会与规模收益、边际收益递增对比考查，需要明确它们之间的区别。常出现在选择题中。

例句 As production increases from 100 to 200, relatively less capital and labour is required per unit of output. This is referred to as **increasing returns to scale**.

译文 随着产量从100个增加到200个，每单位产出所需的资本和劳动力相对减少。这被称为*规模收益递增*。

考频 近3年1次

182 decreasing returns to scale

释义 规模收益递减

点拨 规模收益递减是指当生产扩大，每单位产出需要更多的要素投入，或者投入相同数量的生产要素，产出相对减少。会与边际收益递减和规模不经济对比考查，需要加以区分。常出现在选择题中。

例句 In the context of a factory, as the scale of production increases, the marginal productivity of each additional worker or machine may decrease due to factors such as coordination problems and inefficiencies, leading to **decreasing returns to scale**.

译文 在工厂的生产环境中，随着生产规模的扩大，每个新增工人或机器的边际生产率可能会因协调问题和效率低下等因素而降低，从而导致*规模收益递减*。

考频 近3年1次

183 economies of scale

释义 规模经济

点拨 当平均成本随着产量的增长而下降时，规模经济出现。规模经济出现在长期。会结合短期和长期的平均成本进行考查。考查形式涉及各种题型。

例句 Large airlines benefit from **economies of scale**.

译文 大型航空公司受益于*规模经济*。

考频 近3年25次

184 diseconomies of scale

释义 规模不经济

点拨 规模不经济出现在随着生产规模的扩大平均成本升高时，与规模经济相反。规模不经济意味着在企业处于长期平均成本曲线（LRAC）上的上升阶段。考查形式涉及各种题型。

例句 What is true about economies of scale but not **diseconomies of scale**?

译文 什么是规模经济，而不是**规模不经济**？

考频 近 3 年 12 次

185　minimum efficient scale

释义 最小有效规模

点拨 指在长期中平均成本处于或接近其最小值的最小的规模。在分析平均成本曲线的形状时，会涉及最小有效规模这个考点，通常会结合规模不经济、收益递减和变动比例法则一起考查，考查方式以选择题居多。

例句 The position of SRAC shows the **minimum efficient scale** of production.

译文 短期平均成本曲线的位置表示**最小有效**（生产）**规模**。

考频 近 3 年 5 次

186　marginal revenue (MR)

释义 边际收入

点拨 边际收入是指由于销售额外单位的产出而产生的额外收入，边际收入 = Δ 总收入 /Δ 生产数量（ΔTR/ΔQ），是非常重要的概念。考点包括根据边际收入来判断总收入（total revenue）的变化，分析不同的市场类型、边际收入的特点以及边际收入与平均收入的关系等，涉及各类题型。

例句 The diagram shows the marginal cost (MC), **marginal revenue (MR)**, average revenue (AR) and average total cost (ATC) curves of a profit-maximising firm in an oligopolistic market.

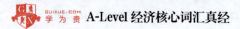

译文 该图显示了寡头垄断市场利润最大化企业的边际成本（MC）、**边际收入（MR）**、平均收入（AR）和平均总成本（ATC）曲线。

考频 近 3 年 36 次

Note

Chapter 11
Market Structures and Contestability
市场结构与可竞争性

187 perfect competition

释义 完全竞争

点拨 完全竞争是分析市场结构的基础模型，完全竞争市场有严格的假设，可以同时实现生产有效性（production efficiency）和分配有效性（allocative efficiency）。常考查其特征、长 / 短期图形，或结合其他市场结构对比考查，各种题型中都会涉及。

例句 What is always present in monopolistic competition and **perfect competition** in the long run?

译文 长期来看，垄断竞争和**完全竞争**中总是存在什么？

考频 近 3 年 16 次

188 monopolistic competition

释义 垄断竞争

点拨 垄断竞争介于完全竞争和垄断之间。在垄断竞争市场，很多公司可以自由进出该行业，但是这些公司对于生产和价格有某种程度的控制力，是价格制定者（price maker）；垄断竞争市场不能实现生产有效性和分配有效性。经常考查其概念、长 / 短期图形，或结合其他市场结构对比考查，各种题型中均会涉及。

例句 What is most likely to be found when comparing the long-run equilibrium outcome in **monopolistic competition** with that in perfect competition?

译文 在比较**垄断竞争**和完全竞争的长期均衡结果时，最有可能发现什么？

考频 近 3 年 20 次

189 oligopoly [ˌɒlɪˈɡɒpəlɪ]

释义 *n.* 寡头

点拨 寡头垄断市场是介于完全竞争和完全垄断之间的市场结构。常考查勾结和不勾结两种情况，其中扭曲的需求曲线（kinked demand curve）是常见的考点，用来考查价格刚性的特征。各种题型中均会涉及。

例句 Which feature of **oligopoly** is being assumed when the demand curve for an individual firm is as shown?

译文 当单个企业的需求曲线如图所示时，**寡头**的哪个特征被假设？

考频 近 3 年 21 次

190 imperfect competition

释义 不完全竞争

点拨 不完全竞争是与完全竞争相对的概念。考试中直接出现不完全竞争的情况不多，多以垄断、寡头、垄断竞争为载体进行考查，常出现在选择题中。

例句 The diagram shows a firm in **imperfect competition**. It changed its aim from profit maximising to sales revenue maximising.

译文 该图显示了一家处于**不完全竞争**市场的公司。它把目标从利润最大化改为销售收入最大化。

考频 近 3 年 2 次

191 limit pricing

释义 限制性定价

点拨 限制性定价是一种适用于垄断性或寡头垄断市场的定价政策：企业将价格设定在足以获得经济利润但又不至于引起新企业进入市场的水平上。这是价格政策的一种，考试中主要以选择题和论述题的形式考查。

例句 Monopoly firms will always aim to maximise profits and **limit pricing** is the only way to ensure that these profits are maintained in the long run. Discuss the extent to which you agree with this statement.

译文 垄断性企业总是以利润最大化为目标，**限制性定价**是确保长期利润的唯一途径。讨论你在多大程度上同意这一说法。

考频 近 3 年 3 次

192　normal profit

释义 正常利润

点拨 指企业为了持续经营而必须获得的利润。常结合市场图形考查，各种题型中均会涉及。

例句 A firm in a perfectly competitive market can make either a supernormal profit or a loss in the short run but will only make **normal profit** in the long run.

译文 在完全竞争市场中，企业可能在短期内获得超常利润或发生超常亏损，但在长期内只能获得**正常利润**。

考频 近 3 年 10 次

193　supernormal profit

释义 超额利润

点拨 超额利润＝利润总额－正常利润。常结合市场图形考查其计算，各种题型中均会涉及。

例句 **Supernormal profit** occurs when a firm's total revenue exceeds its total costs by an amount greater than what is considered normal or average for the industry.

译文 **超额利润**是指企业的总收入超过其总成本，且超出部分大于该行业的正常或平均水平。

考频 近 3 年 7 次

194 price leadership

释义 价格领导

点拨 价格领导是寡头市场中非正式勾结的常见形式，是指占市场支配地位、有足够的统治力的企业率先制定价格，其他企业以该价格为基准来决定自己的价格。主要以选择题的形式进行考查。

例句 It will create an oligopoly with the possibility of **price leadership**.

译文 它将形成寡头，并有可能成为**价格领导**。

考频 近 3 年 2 次

195 cartel [kɑːˈtel]

释义 *n.* 垄断联盟

点拨 垄断联盟是为了垄断市场从而获取高额利润，生产或销售同类商品的厂商通过在商品价格、产量和市场份额等方面达成协定，从而形成的垄断性组织和关系；是正式勾结的常见形式。OPEC 是垄断联盟的常见例子，在垄断联盟内部经常出现"囚徒困境"（prisoner's dilemma）。各种题型中均会涉及。

例句 Explain the difference between, and the purpose of, integration between firms and a **cartel**.

译文 解释企业与**垄断联盟**之间整合的区别和目的。

考频 近 3 年 20 次

196 X-inefficiency [eks ˌɪnɪˈfɪʃnsɪ]

释义 *n.* X- 无效率

点拨 X- 无效率意味着一个企业在给定的产出水平上没有以尽可能低的成本生产，是生产无效率的一种。会与分配有效性（allocative efficiency）和生产有效性（productivity efficiency）对比考查。通常以选择题的形式考查。

例句 What is the most likely reason that barriers to entry might lead to **X-inefficiency**?

译文 进入壁垒可能导致 **X- 无效率**的最可能原因是什么？

考频 近 3 年 2 次

197 contestable market

释义 可竞争市场

点拨 可竞争市场是指进入和退出都是免费的或无成本的市场。考试中会涉及对可竞争市场特点的考查，各种题型中均会涉及。

例句 Explain what is meant by a **contestable market** and discuss how making the airline market more contestable could benefit passengers.

译文 解释什么是**可竞争市场**，并讨论如何使航空公司市场更具竞争性，从而使乘客受益。

考频 近 3 年 2 次

198 game theory

释义 博弈论

点拨 是模拟寡头市场中企业战略互动的方法之一，囚徒困境是博弈论中的一个经典例证，常用来说明寡头垄断厂商所面临的问题。近几年都是以论述题的形式来考查。

例句 Explain this statement and discuss the extent to which **game theory** can help to solve this problem.

译文 解释这一说法，并讨论**博弈论**在多大程度上可以帮助解决这个问题。

考频 近 3 年 2 次

199 principal-agent problem

释义 委托代理问题

点拨 委托代理问题是由于委托人的目标与代表他们作出决定的代理人的目

标之间存在冲突而产生的问题，信息不对称也是造成这种现象的原因。

直接考查该知识点的题目不多，多以选择题形式呈现。

例句 What is an example of the **principal-agent problem**?

译文 **委托代理问题**的一个例子是什么？

考频 近 3 年 1 次

200 kinked demand curve

释义 折弯的需求曲线

点拨 折弯的需求曲线是用于分析寡头市场的需求曲线。在折弯的需求曲线中，需求的价格弹性和公司的收入之间有不同的关系。出现折弯是因为在寡头市场中，厂商作决策受其他厂商影响，当某一厂商涨价时，其他厂商不涨价；但为了保持市场份额，当某一厂商降价时，其他厂商也会降价。常以选择题和论述题的形式出现。

例句 A **kinked demand curve** is often used when economists attempt to analyse the way in which oligopolists operate.

译文 经济学家在试图分析寡头的运作方式时，经常使用**折弯的需求曲线**。

考频 近 3 年 4 次

Note

Chapter 12

Labour Market
劳动力市场

201 wage rate

释义 工资率

点拨 是指单位时间内的劳动价格，等于单位时间内的劳动产出报酬。常结合劳动力市场图形考查，位于纵坐标，多以选择题的形式出现。

例句 The **wage rate** is used to represent the vertical coordinate of the labour market coordinate chart.

译文 **工资率**用劳动力市场坐标图的纵坐标表示。

考频 近 3 年 23 次

202 salary [ˈsælərɪ]

释义 *n.* 工资

点拨 工资一般指非体力劳动者所得到的薪水。常考查其概念，多以选择题的形式出现。

例句 A director becomes redundant as the result of a company merger. His **salary** was $80 000.

译文 由于公司合并，一名董事被解雇了。他的**工资**是 8 万美元。

考频 近 3 年 2 次

203 bonuses [ˈbəʊnəs]

释义 *n.* 奖金

点拨 奖金是员工考虑就业的因素之一。主要考查其概念，多以选择题的形式出现。

例句 Managerial salaries and **bonuses** are usually based on total revenue, not profits.

译文 管理人员的工资和**奖金**通常是基于总收入，而不是利润。

考频 近 3 年 2 次

204 commission [kəˈmɪʃ(ə)n]

释义 *n.* 佣金

点拨 指经纪人等中间人说合介绍生意所取得的酬金。考试中也会以"委员会"的意思出现，主要出现在选择题中。

例句 The money paid to the salesperson as a **commission** was $100.

译文 作为**佣金**付给销售人员的钱是 100 美元。

考频 近 3 年 2 次

205 national minimum wage

释义 国家最低工资

点拨 国家最低工资制度是政府宏观干预的手段。常考查其概念、图形、对企业和工人的影响等，各种题型中均会涉及。

例句 The diagram shows the impact on the labour market of the introduction of a **national minimum wage**.

译文 该图显示了引入**国家最低工资**对劳动力市场的影响。

考频 近 3 年 12 次

206 labour supply

释义 劳动力供给

点拨 劳动力供给和工资率正相关。主要考查影响劳动力供给曲线变化的因素、劳动力供给弹性等，各种题型中均会涉及。

例句 With the help of diagrams, consider the links between transfer earnings, economic rent, the elasticity of **labour supply** and an individual worker's wage rate.

译文 在图表的帮助下，考虑转移收入、经济租金、**劳动力供给**弹性和个体工人工资率之间的联系。

考频 近3年10次

207　trade unions

释义 工会

点拨 工会是在工作场所代表劳动者的组织。工会比员工个人有更大的话语权来提高员工的工资和改善工作条件等。选择题和论述题中均会涉及。

例句 Monopsonist employers cause labour market failure while **trade unions** can solve this labour market failure. To what extent do you agree that this view is accurate?

译文 垄断性雇主导致劳动力市场失灵，而**工会**可以解决这种劳动力市场失灵问题。你在多大程度上认为这种观点是准确的？

考频 近3年4次

208　monopsony [məˈnɒpsənɪ]

释义 *n.* 买方独家垄断

点拨 在劳动力市场中，如果只存在一个雇主，我们把这种情况称为买方独家垄断。常考查相关图形、特征等，多以选择题形式出现。

例句 The existence of a **monoposony** can lead to lower wages for workers, as the sole employer has the power to set wages below market levels without fear of competition from other buyers.

译文 **买方独家垄断**的存在可能导致工人工资降低，因为唯一的雇主有权将工资设定在市场水平以下，而不用担心来自其他买家的竞争。

考频 近 3 年 2 次

209 discrimination [dɪˌskrɪmɪˈneɪʃn]

释义 *n.* （价格／工资）歧视

点拨 （价格／工资）歧视通常是指在信息不对称时，了解信息多的一方可以操控价格／工资。常出现在垄断市场里，在商品市场中垄断者是唯一的卖家，在劳动力市场中垄断者是唯一的买家。各类题型中都会涉及。

例句 Discuss the extent to which a firm's ability to operate a policy of price **discrimination** is determined by the market structure in which that firm operates.

译文 讨论企业实施价格**歧视**政策的能力在多大程度上取决于该企业所处的市场结构。

考频 近 3 年 6 次

Note

Part IV ★

Developments in the Global Economy 全球经济发展

Chapter 13
Trade and the Global Economy
贸易和全球经济

210 international trade

释义 国际贸易

点拨 指跨越国境的商品和服务交易，一般由进口贸易和出口贸易组成，因此也可称之为进出口贸易。主要通过选择题考查。

例句 What is the volume, in million units, of the extra **international trade** created by removing the tariff?

译文 以百万单位计算，取消关税所创造的额外**国际贸易**量是多少？

考频 近 3 年 5 次

211 free trade

释义 自由贸易

点拨 是指国家取消对进出口贸易的限制和阻碍，取消对本国进出口商品的各种特权和优惠，使商品自由地进出口，在国内外市场上自由竞争。常考查其定义，各种题型中均会涉及。

例句 The African Union consists of 55 developing countries. They agree to adopt a **free-trade** model to boost trade between member countries.

译文 非洲联盟由 55 个发展中国家组成。它们同意采用**自由贸易**模式来促进成员国之间的贸易。

考频 近 3 年 9 次

212 **trade protection**

释义 贸易保护

点拨 指一国在对外贸易中限制进口以保护本国商品在国内市场免受外国商品竞争，并向本国商品提供各种优惠以增强其国际竞争力。常考查其定义，或结合具体的贸易保护政策，如关税（tariff）、出口补贴（export subsidy）等进行考查；多以选择题和论述题的形式出现。

例句 Which statement about **trade protection** is correct?

译文 关于**贸易保护**的哪个说法是正确的？

考频 近 3 年 3 次

213 **barriers to trade**

释义 贸易壁垒

点拨 贸易壁垒是指对国外商品或服务交易所做的人为限制，主要是指一国对外国商品或服务的进口所实行的各种限制措施。会通过贸易壁垒的具体形式进行考查，比如关税、配额（quota）等。选择题和数据分析题中均会涉及。

例句 An economy with a long history of extensive **barriers to trade** decides to switch to totally free trade. What is most likely to increase in the short term?

译文 一个长期存在广泛**贸易壁垒**的经济体决定转向完全的自由贸易。短期内最有可能增加的是什么？

考频 近 3 年 2 次

214 **tariffs** [ˈtærɪfs]

释义 *n.* 关税

点拨 对进出口货物征收的税。常考查其概念、图形分析，各种题型中均会涉及。

例句 A small country imposes no **tariffs** and has a perfectly elastic supply of smartphones from the rest of the world.

译文 一个小国不征收**关税**，而且从世界其他地方获得的智能手机供应完全有弹性。

考频 近 3 年 56 次

215 quota [ˈkwəʊtə]

释义 *n.* 配额

点拨 一国将其对另一国的进出口限制在一定数量或金额的制度。常考查其概念、图形、与关税的区别等，主要通过选择题的形式进行考查。

例句 A government decides to increase a **quota** on an imported good. What is likely to happen?

译文 一国政府决定增加进口商品的**配额**。可能会发生什么？

考频 近 3 年 7 次

216 embargo [ɪmˈbɑːgəʊ]

释义 *n.* 禁运

点拨 是一种国际经济措施，通常指由一国或多个国家联合实施的贸易限制措施。主要考查其概念，常出现在选择题中。

例句 An **embargo** is a complete ban either on the imports of a particular product or on trade with a particular country.

译文 禁运是指完全禁止进口某一特定产品或**禁止**与某一特定国家进行贸易。

考频 近 3 年 2 次

217 foreign direct investment (FDI)

释义 外国直接投资

点拨 指总部设在其他国家的外国公司在一国进行的投资。常考查其带来的影响，多以选择题的形式出现。

例句 A government wishes to attract **foreign direct investment** to assist the development of its economy. What is most likely to encourage this?

译文 一国政府希望吸引**外国直接投资**以帮助其经济发展。什么最有可能鼓励这种情况？

考频 近 3 年 10 次

218 protectionism [prə'tekʃənɪzəm]

释义 *n.* （贸易）保护主义

点拨 指在国际贸易中以保护国内产业为目的的政策主张，最常见的是保护关税政策。在各类考试题型中都会涉及。

例句 Which argument in favour of **protectionism** is not generally regarded as economically valid?

译文 哪种支持**（贸易）保护主义**的论点在经济上不被普遍认为是有效的？

考频 近 3 年 20 次

219 voluntary export restraint

释义 自愿出口限制

点拨 自愿出口限制，是指出口国在进口国的要求或压力下，自动限定某一时期内某些商品的出口数量或金额，超过限额即自行停止出口。常考查其概念，在各种题型中都会涉及。

例句 Which argument for protection would be most relevant if the government of country X decided to exercise **voluntary export restraint** in its trade with country Y?

译文 如果 X 国政府决定在与 Y 国的贸易中实行**自愿出口限制**，哪种保护论点最为相关？

考频 近 3 年 1 次

220 dumping [ˈdʌmpɪŋ]

释义 *n.* 倾销

点拨 倾销指一个国家（或地区）的出口经营者使其产品以低于其正常价值的出口价格进入其他国家（或地区）的市场。常结合出口补贴考查对概念的理解，在各种题型中都会涉及。

例句 When would the sale of cheap exports definitely be classed as **dumping**?

译文 什么情况下销售廉价的出口产品一定会被定性为**倾销**？

考频 近 3 年 23 次

221 trade in goods

释义 商品贸易

点拨 指一国（或地区）居民与其他国家（或地区）居民进行货物往来的进出口贸易，属于经常账户的项目之一。常考查对贸易类别的判断，多以选择题的形式出现。

例句 For example, if a country exports $900m of goods and imports $1200m of goods, it would have a **trade in goods** deficit of $300m.

译文 例如，如果一个国家出口 9 亿美元的商品，进口 12 亿美元的商品，那么它的**商品贸易**逆差将达到 3 亿美元。

考频 近 3 年 62 次

222 trade in services

释义 服务贸易

点拨 指一国（或地区）居民与其他国家（或地区）居民进行的服务进出口贸易，又可称为"无形贸易"，属于经常账户的项目之一，常考查对贸易类别的判断，多以选择题的形式出现。

例句 **Trade in services** is a component of the current account of the balance of payments. What is an example of a trade in services?

译文 **服务贸易**是国际收支经常账户的一个组成部分。服务贸易的例子是什么？

考频 近3年2次

223 primary income

释义 主要收益

点拨 包括在国外直接投资获得的利润、利息和股息形式的收益，属于经常账户的项目之一。常考查其与次要收益的区别，主要出现在选择题中。

例句 The current account balance is the overall balance of the trade in goods, trade in services, **primary income** and secondary income.

译文 经常账户余额是货物贸易、服务贸易、**主要收益**和次要收益的总余额。

考频 近3年3次

224 secondary income

释义 次要收益

点拨 包括没有相应交换实际商品或服务收到的收益，属于经常账户的一种项目类型。常考查其与主要收入的区别，主要出现在选择题中。

例句 To calculate the current account balance, the balance of the primary account and the balance of the **secondary income** are added to the balance of trade in goods and services.

译文 在计算经常账户余额时，将主要账户的余额和**次要收益**的余额加到货物和服务贸易的余额中。

考频 近3年3次

225 current transfers

释义 经常性转移

点拨 经常性转移是 secondary income 的另一种表述形式，包括政府和私人单方面的经常转移，属于经常账户的一种要素。主要以选择题的形式考查对账户的理解。

例句 It may improve its balance of payments by increasing inflows of **current transfers**.

译文 它可以通过增加**经常性转移**的流动来改善其国际收支。

考频 近 3 年 8 次

226 net errors and omissions

释义 净误差和遗漏

点拨 是为使国际收支核算保持平衡而设置的平衡项目，目的是平衡账户的进出口余额。在考试中常以选择题的形式考查其计算。

例句 Which country had the largest **net errors and omissions** figure in terms of US$?

译文 哪个国家的**净误差和遗漏**数字最大（以美元计算）？

考频 近 3 年 2 次

227 nominal exchange rate

释义 名义汇率

点拨 名义汇率是社会经济生活中直接公布的市场汇率，常考查其图形、与实际汇率的区别等，多以选择题或者数据分析题的形式考查。

例句 The real exchange rate is the **nominal exchange rate** adjusted for differences in relative inflation rates between countries.

译文 实际汇率是根据国家间相对通货膨胀率的差异而调整的**名义汇率**。

考频 近3年4次

228　real exchange rate

释义 实际汇率

点拨 实际汇率是对名义汇率进行调整后的汇率，不同的调整方法对应不同的实际汇率含义。常以选择题或数据分析题的形式考查其计算、与名义汇率的区别等。

例句 The **real exchange rate** is the nominal exchange rate adjusted for differences in relative inflation rates between countries.

译文 **实际汇率**是根据国家间相对通货膨胀率的差异而调整的名义汇率。

考频 近3年3次

229　trade weighted exchange rate

释义 贸易加权汇率

点拨 贸易加权汇率是指根据一国各贸易伙伴的相对贸易量，给它的币值进行加权，来评估该国货币是否坚挺的一种方法。常以选择题的形式考查其概念。

例句 The original value of the **trade weighted exchange rate** index is 100.

译文 **贸易加权汇率**指数的原始值为100。

考频 近3年4次

230　hot money flows

释义 热钱流

点拨 热钱的定义为：迅速移向能提供更好回报的任何国家的流动性极高的短期资本。常以选择题的形式考查对概念的理解。

例句 Floating rate changes may depend upon trade flows, investment flows, speculative flows and **hot money flows**.

译文 浮动汇率的变化可能取决于贸易流、投资流、投机流和**热钱流**。

考频 近 3 年 1 次

231 managed float exchange rate

释义 **管理浮动汇率**

点拨 管理浮动汇率又称干预浮动汇率，是指货币当局采取各种方式干预外汇市场，使汇率水平与货币当局的目标保持一致的一种浮动汇率制度。常考查其概念，各种题型中都会有所涉及。

例句 Explain two likely reasons why China has opted for a **managed float exchange rate** system.

译文 解释一下中国选择使用**管理浮动汇率**制度的两个可能原因。

考频 近 3 年 2 次

232 Marshall-Lerner condition

释义 **马歇尔 – 勒纳条件**

点拨 它所要表明的是：如果一国处于贸易逆差中，会引起本币贬值。本币贬值会改善贸易逆差，但需要具备的具体条件是进出口的需求弹性之和必须大于 1。通常作为条件出现在各种题型中。

例句 Explain the relevance of the **Marshall-Lerner condition** and the J-curve effect to the success of a currency devaluation.

译文 解释**马歇尔 – 勒纳条件**和 J 曲线效应与货币贬值成功的相关性。

考频 近 3 年 17 次

233 **J-curve effect**

释义 J曲线效应

点拨 本国货币贬值后，短期内贸易收支状况反而会比原先恶化，进口增加而出口减少，经过一段时间，贸易收入才会增加。因为这一运动过程的函数图像酷似字母"J"，所以这一变化被称为"J曲线效应"。从本币贬值到贸易收支改善之间存在着时间长度不等的时滞，因此又称为"时滞效应"。常以选择题的形式考查其图形解释。

例句 There were some useful references to the Marshall-Lerner condition and the **J-curve effect**.

译文 马歇尔－勒纳条件和 **J曲线效应**有一些有用的参考。

考频 近3年6次

234 **terms of trade**

释义 进出口交换比率

点拨 进出口交换比率指的是过去一段时间进口价格和出口价格的比率，该数据可以用来衡量一国的国际购买力。常考查其公式和计算结果分析，多以选择题形式出现。

例句 When will there be a favourable movement in a country's **terms of trade**?

译文 一个国家的**进出口交换比率**何时会出现有利的变化？

考频 近3年28次

235 **absolute advantage**

释义 绝对优势

点拨 绝对优势是在国际贸易中进行两国竞争力比较的一种方式，如果一国在某一商品的生产上所耗费的成本绝对低于他国，该国就在该产品上具备绝对优势。常考查其与比较优势的区别，多以选择题的形式出现。

例句 Sealand is likely to have an **absolute advantage** in both X and Y.

译文 Sealand 在 X 和 Y 两方面都有可能占据**绝对优势**。

考频 近 3 年 21 次

236 comparative advantage

释义 **比较优势**

点拨 指以相对较低的机会成本更有效地生产某种商品的能力。常结合比较优势定律考查，以表格或生产可能性曲线的形式出现，考查形式以选择题居多。

例句 Both economies specialise based on the theory of **comparative advantage** and trade with one another. What can be concluded from the diagram?

译文 这两个经济体都以**比较优势**理论和相互贸易为基础。从图中可以得出什么结论？

考频 近 3 年 14 次

237 bilateral trade

释义 **双边贸易**

点拨 双边贸易是指两个国家（或地区）之间的贸易，在这种贸易下，双方各以本国的出口支付从对方的进口，而不用对对方的出口支付从第三国的进口。常考查其概念，各种题型中都会涉及。

例句 This undervaluation gives China a large advantage in its **bilateral trade** with the US.

译文 这种低估使中国在与美国的**双边贸易**中占有很大优势。

考频 近 3 年 1 次

238 trading possibility curve

释义 贸易可能性曲线

点拨 贸易可能性曲线是一条特殊的生产可能性曲线，用来表示一个国家与其他国家进行贸易时所能获得的各种商品的数量组合。常考查对其图形的理解，多以选择题的形式出现。

例句 In the diagram, JK is a country's production possibility curve. LK is its **trading possibility curve** which shows possible combinations of Good X and Good Y after specialising in the product in which it has comparative advantage, and then trading it.

译文 图中，JK 为一国的生产可能性曲线。LK 是**贸易可能性曲线**，该曲线显示了在专门生产具有比较优势的产品并进行贸易之后，X 产品和 Y 产品的可能组合。

考频 近 3 年 2 次

239 customs union

释义 关税联盟

点拨 在关税联盟内成员之间彻底取消了在商品贸易中的关税和数量限制，使商品在各成员之间可以自由流动。常考查其概念，各种题型中都会有所涉及。

例句 Country X joins an existing **customs union**, comprising Y and W, which has a common external tariff equal to X's initial tariff.

译文 X 国加入了由 Y 国和 W 国组成的**关税联盟**，该联盟的共同对外关税等于 X 国的初始关税。

考频 近 3 年 17 次

240 monetary union

释义 货币联盟

点拨 在货币联盟内，一国使用与其邻国相同的货币，包括统一货币（如欧元）和美元化两种形式。常考查其概念，各种题型中都会有所涉及。

例句 State two changes that would have been necessary within the EAC when it moved from being a common market to being a **monetary union**.

译文 请说明东非共同体从共同市场转变为**货币联盟**时必须进行的两项变革。

考频 近 3 年 3 次

241 economic union

释义 经济联盟

点拨 在经济联盟内，成员国之间除了商品与生产要素可以自由流动及确立对外共同关税之外，还要制定和执行某些共同的经济政策和社会政策，消除政策方面的差异，使各个方面的经济都统一协调地运行。常考查其概念，各种题型中都会涉及。

例句 A group of countries decides to change from being a customs union to being an **economic union**.

译文 一个国家集团决定从关税联盟转变为**经济联盟**。

考频 近 3 年 4 次

242 trade creation

释义 贸易创造

点拨 贸易创造是指在关税联盟内部取消成员之间的关税后，某国生产成本高的商品被成员国中生产成本低的商品取代，来自成员国的低价进口商品替代了国内生产的昂贵的商品，成员国之间的贸易被创造出来。常考查其概念，各种题型中都会涉及。

例句 **Trade creation** would take place.

译文 **贸易创造**将会发生。

考频 近3年3次

243 trade diversion

释义 **贸易转移**

点拨 贸易转移是指一国产品遭到另一国的贸易保障措施后转而大量向其他国家出口。常考查其概念，各种题型中都会涉及。

例句 The issues of trade creation and **trade diversion** are central to the issue.

译文 贸易创造和**贸易转移**是这一问题的核心。

考频 近3年3次

244 World Trade Organisation

释义 **世界贸易组织**

点拨 世界贸易组织，简称世贸组织（WTO），是一个独立于联合国的永久性国际组织。各种题型中都会涉及，通常结合对其内部的管理进行考查。

例句 Although the **World Trade Organization** (WTO) is committed to reducing tariffs over time, retaliation in the form of "countervailing duties" is permitted.

译文 尽管**世界贸易组织**（WTO）致力于逐步降低关税，但允许以"反补贴税"的形式进行反击。

考频 近3年3次

Chapter 14

Poverty and Inequality
贫困和不平等

---

245 **wealth** [welθ]

释义 *n.* 财富

点拨 财富指所累积资产的存量，需要与收入（income）进行区分；财富是个存量概念，包括房产、股票、存款、古董等。有时和"收入"对比考查，有时结合税收考查，主要出现在选择题中。

例句 Some individuals seek to increase their share of existing **wealth** without creating new wealth. This can be a problem in developing economies.

译文 有些人试图在不创造新**财富**的情况下增加现有财富的份额。这在发展中经济体中可能是个问题。

考频 近 3 年 13 次

---

246 **disposable income**

释义 可支配收入

点拨 可支配收入等于总收入减去所得税。常考查其计算公式或结合边际消费倾向等进行考查，多出现在选择题中。

例句 Some workers in a low-paid job decide to work longer hours to increase their **disposable income**. However, this decision reduces state-provided benefits, leaving them worse off.

译文 一些从事低薪工作的工人决定延长工作时间以增加他们的**可支配收入**。然而，这一决定减少了国家提供的福利，使他们的处境更糟。

考频 近 3 年 3 次

247　**equality** [ɪˈkwɒlətɪ]

释义　*n.* 平等

点拨　指为社会的各个群体提供相同的机会和帮助。常考查平等和公平（equity）的区别、造成不平等（inequality）的原因，多以选择题的形式出现。

例句　There is a trade-off between, on one side, freedom for firms and individuals in unregulated markets and, on the other side, greater social **equality** and equity through government regulation of individuals and markets.

译文　一方面，公司和个人在不受监管的市场中享有自由，另一方面，通过政府对个人和市场的监管，实现更大的社会平等和公平。这两者之间存在权衡。

考频　近3年6次

248　**equity** [ˈekwətɪ]

释义　*n.* 公平

点拨　根据特定需求或能力提供不同水平的支持和帮助，让最终的结果呈现一致。常考查公平和平等的区别、造成不公平的原因，多以选择题的形式出现。

例句　A separate issue is whether there can be **equity** in the way that people are treated.

译文　一个单独的问题是人们被对待的方式是否公平。

考频　近3年4次

249　**Lorenz curve**

释义　洛伦兹曲线

点拨　洛伦兹曲线是一种描绘一个国家或地区内收入分配情况的图形工具，可以根据洛伦兹曲线计算基尼系数。会与宏观政策结合考查洛伦兹曲线的移动，常以选择题的形式进行考查。

例句 Which combination of supply-side policies would shift the **Lorenz curve** from X to Y?

译文 哪种供给侧政策组合会使**洛伦兹曲线**从 X 向 Y 移动？

考频 近 3 年 6 次

250 Gini coefficient

释义 基尼系数

点拨 基尼系数是衡量不平等程度的数值指标。与洛伦兹曲线相联系，可根据洛伦兹曲线的情况来进行基尼系数的计算。基尼系数的取值范围是 0 到 1，数值越大，不平等程度越高。基本以选择题的形式进行考查。

例句 The 1990s saw a significant rise in real GDP per head in the US with only a relatively small increase in the **Gini coefficient** during the same period.

译文 20 世纪 90 年代，美国实际人均 GDP 大幅增长，而同期**基尼系数**仅出现相对较小的增长。

考频 近 3 年 15 次

251 means-tested benefits

释义 资产测查补助

点拨 资产测查补助是一项公共福利，由联邦、州或地方机构来提供，会依据民众的收入和财力来审核其是否具备补助（比如收入支持或者失业补助）资格，及给予的减免额度，但是这可能会带来一个问题——"贫困陷阱"（poverty trap）。常与其他补助方式对比考查，一般出现在选择题中。

例句 A report in the UK suggests that **means-tested benefits** (benefits that are paid depending on income) should be introduced for benefit payments to the elderly and that any money saved should be used to pay means-tested benefits to young adults.

译文 英国的一份报告建议，应该为老年人的福利支付引入**资产测查补助**（根据收入支付的福利），而节省下来的钱应该用于向年轻人支付资产测查补助。

考频 近3年2次

252 poverty trap

释义 贫困陷阱

点拨 贫困陷阱是指个人没有动力从事工作或延长工作时间，因为失业福利的好处超过了工作收入（纳税增加）带来的好处。一般在选择题中进行考查，会考查贫困陷阱发生的情形，也会对比流动性陷阱（liquid trap）、失业陷阱（unemployment trap）等进行考查。

例句 In which circumstances is a **poverty trap** least likely to operate?

译文 **贫困陷阱**在什么情况下最不可能起作用？

考频 近3年3次

253 transfer earnings

释义 转移收入

点拨 转移收入是指个人或家庭通过政府、单位或其他社会组织的转移支付所获得的收入。这种收入通常不以提供商品或服务为前提，而是为了改善特定群体的经济状况或社会福利。常与经济租金（economic rent）对比考查。各种题型中均有涉及。

例句 Distinguish between economic rent and **transfer earnings**.

译文 区分经济租金和**转移收入**。

考频 近3年15次

254　economic rent

释义 经济租金

点拨 指支付给生产要素的报酬超出为获得该要素而必须支付的报酬的部分。劳动力供给曲线的弹性越小，经济租金越大，拥有稀缺技术的人才（scarce unique talent）得到的全部是经济租金。常与转移收入对比考查。各种题型中均会涉及。

例句 Distinguish between transfer earnings and **economic rent**.

译文 区分转移收入和**经济租金**。

考频 近 3 年 14 次

255　Kuznets curve

释义 库兹涅茨曲线

点拨 库兹涅茨曲线表明，在经济发展初期，尤其是在人均国民收入从最低水平上升到中等水平时，收入分配状况先趋于恶化，继而随着经济发展，逐步改善，最后达到比较公平的水平，曲线呈倒 U 形。会与其他曲线如拉弗曲线、洛伦兹曲线等对比考查，通常以选择题的形式出现。

例句 The diagram shows the relative position of two countries X and Y on a **Kuznets curve**.

译文 该图显示了两个国家 X 和 Y 在**库兹涅茨曲线**上的相对位置。

考频 近 3 年 8 次

Note

Chapter 15

Growth and Development in Developing, Emerging and Developed Economies

发展中经济体、新兴经济体和发达经济体的增长与发展

256　human development index (HDI)

释义　人类发展指数

点拨　人类发展指数是用以衡量各国经济社会发展水平的指标。以生活水平（standard of living）、人均国民总收入、教育水平（以预期受教育年数和平均受教育年数衡量）和预期寿命为基础变量。通常考查该指标包含的要素以及与其他指标对比的优缺点，如 MEW、GNI 等。各种题型中均会涉及。

例句　Discuss the extent to which the **Human Development Index (HDI)** and the Measure of Economic Welfare (MEW) provide better measures of living standards than Gross National Income (GNI).

译文　讨论**人类发展指数（HDI）**和经济福利指标（MEW）能在多大程度上比国民总收入（GNI）更好地衡量生活水平。

考频　近 3 年 16 次

257　Measure of Economic Welfare (MEW)

释义　经济福利指标

点拨　是测量经济福利的指标，与 GDP、GNI 相比，还包含了对居民生活质量、环境可持续性等多方面因素的考量。通常考查该指标包含的要素以及与其他指标对比的优缺点，如 HDI、GNI、GDP 等。各种题型中均会涉及。

例句 The **Measure of Economic Welfare (MEW)** is often regarded as a better measure of economic welfare than Gross Domestic Product (GDP) per head.

译文 **经济福利指标（MEW）**通常被认为是比人均国内生产总值（GDP）更好的经济福利指标。

考频 近 3 年 11 次

258 economic development

释义 经济发展

点拨 指一个国家或者地区按人口计平均的实际福利的增长过程，它不仅是财富和经济体量的增加和扩张，还意味着其质的变化，即经济结构、社会结构的改善，社会生活质量和投入产出效益的提高。常考查其衡量指标、与经济增长的区别等，主要出现在选择题中。

例句 Which change is most likely to increase both economic growth and **economic development** in the long run?

译文 从长远来看，哪种变化最有可能促进经济增长和**经济发展**？

考频 近 3 年 10 次

259 living standards

释义 生活水平

点拨 生活水平的衡量指标包括烹饪燃料、卫生、饮用水、电力、住房、资产、教育水平、生活质量等。常考查其衡量指标，多出现在选择题或数据分析题中。

例句 Discuss the ability of multinational corporations to increase **living standards** in their home country and the other countries in which they operate.

译文 讨论跨国公司提高本国人民和其经营所在国人民的**生活水平**的能力。

考频 近 3 年 17 次

260 real GDP per capita

释义 人均实际国内生产总值

点拨 以固定价格衡量的 GDP 为实际 GDP（剔除了通货膨胀因素），将实际 GDP 除以人口数，得到实际人均 GDP。常考查其计算，对经济增长、经济发展的影响等，各种题型中都会涉及。

例句 Explain what economists mean by an increase in **real GDP per capita** and discuss the extent to which an increase in real GDP per capita will have a positive impact on economic development.

译文 解释经济学家所说的**人均实际国内生产总值**的增长是什么意思，并讨论人均实际 GDP 的增长能在多大程度上对经济发展产生积极影响。

考频 近 3 年 2 次

261 government expenditure

释义 政府支出

点拨 政府支出主要包括两部分，一部分是能够带来产出的政府购买，如花钱修建基础设施等，这部分计入 GDP；另一部分不能带来任何产出，不计入 GDP，比如转移支付、公债利息等。常结合总需求进行考查，各种题型中均会涉及。

例句 Consumption expenditure and investment expenditure include both public sector and private sector expenditure, so **government expenditure** is not shown separately.

译文 消费支出和投资支出包括公共部门支出和私人部门支出，所以没有单独显示**政府支出**。

考频 近 3 年 26 次

262 purchasing power parity

释义 购买力平价（理论）

点拨 购买力平价（理论）是一种研究和比较各国不同的货币之间购买力关系的理论，通常采用汇率调整来反映不同国家收入的相对购买力。主要通过选择题形式进行考查。

例句 The **purchasing power parity** theory has been used to make comparisons.

译文 **购买力平价**理论通常被用来进行比较。

考频 近3年5次

263 emigration [ˌemɪˈɡreɪʃn]

释义 *n.* 移民出境

点拨 移民出境是指一国居民留在原国家以外的日常居住地。常考查其概念、与移民入境的区别等，主要出现在选择题中。

例句 A government wishes to increase economic efficiency in the country. It raises the rate of income tax which leads to the **emigration** of high earning skilled workers that the country needs.

译文 政府希望提高国家的经济效率。它提高了所得税税率，导致国家需要的高收入技术工人**移民出境**。

考频 近3年5次

264 immigration [ˌɪmɪˈɡreɪʃ(ə)n]

释义 *n.* 移民入境

点拨 指其他国家居民从其他国家移入本国定居。常考查其概念、与移民出境的区别等，多出现在选择题中。

例句 In the short run if the skills of migrants and existing workers are substitutes, **immigration** can be expected to increase competition in the labour market and drive down wages.

译文 在短期内，如果移民的技能和现有工人的技能能够相互替代，那么预计**移民入境**将增加劳动力市场的竞争，并压低工资。

考频 近3年4次

265 birth rate

释义 出生率

点拨 一定时期内（通常指1年内）平均每千人中出生人数的比率。常考查其对经济增长、经济发展的影响，多出现在选择题中。

例句 In some countries, life expectancy has fallen but the **birth rate** remains high. Which effect will this have?

译文 在一些国家，预期寿命下降了，但**出生率**仍然很高。这会产生什么影响？

考频 近3年2次

266 death rate

释义 死亡率

点拨 一定时期内（通常指1年内）平均每千人中死亡人数的比率。常考查其对经济增长、经济发展的影响，多在选择题中出现。

例句 A fall in the **death rate**, for example, would increase demand for medical care for the elderly.

译文 例如，**死亡率**的下降会增加对老年人医疗保健的需求。

考频 近3年2次

267 infant mortality rate

释义 婴儿死亡率

点拨 是指婴儿出生后不满周岁死亡人数同出生人数的比率，一般以年度为计算单位，以千分比表示。常考查其对经济增长、经济发展的影响，多在选择题中出现。

例句 The death rate includes the deaths of children aged under one, although countries also measure these separately in the **infant mortality rate**.

译文 死亡率包括 1 岁以下儿童的死亡情况，尽管各国在**婴儿死亡率**中也分别衡量这些儿童。

考频 近 3 年 1 次

268 foreign aid

释义 对外援助

点拨 对外援助是指一国政府对他国提供资金和实物上的支持，包括经济、军事和技术等方面。主要通过选择题进行考查。

例句 Which items in the table are classified as **foreign aid**?

译文 表中哪些项目被归类为**对外援助**？

考频 近 3 年 13 次

269 the World Bank

释义 世界银行

点拨 世界银行通过提供贷款、技术援助等支持发展中国家基础设施、教育、卫生、农业等诸多领域的发展。主要通过选择题进行考查，也会出现在论述题的材料中（论述题中不直接进行考查）。

例句 A representative of **the World Bank** has stated that one reason not to impose price controls in an economy is that they can be hard to remove, expressing the view that it is better not to have them in the first place.

译文 世界银行的一名代表表示，不应在一个经济体中实施价格管制的一个原因是，价格管制一旦执行就很难取消。他表示，最好一开始就不要实施价格管制。

考频 近3年3次

270 International Monetary Fund (the IMF)

释义 国际货币基金组织

点拨 国际货币基金组织是于1945年12月27日在华盛顿成立的国际组织。常考查其贷款援助职能，各种题型中均会涉及。

例句 Low income countries that approached **the IMF** for loan assistance were usually required to introduce structural adjustment programmes (SAPs) which involve policies to promote a free-market economy.

译文 向**国际货币基金组织**寻求贷款援助的低收入国家通常被要求实行结构调整方案，其中包括促进自由市场经济的政策。

考频 近3年6次

271 life expectancy

释义 预期寿命

点拨 是人类发展指数（HDI）的指标之一，主要通过选择题形式考查。

例句 A number of countries have raised the age at which people can receive a state pension and some of these countries plan to raise it even further in the future as **life expectancy** increases.

译文 许多国家已经提高了人们领取国家养老金的年龄，其中一些国家计划在未来随着**预期寿命**的增加进一步提高领取养老金的年龄。

考频 近3年9次

272 infrastructure [ˈɪnfrəstrʌktʃə(r)]

释义 *n.* 基础设施

点拨 是指为社会生产和居民生活提供公共服务的物质工程设施，是用于保证国家或地区社会经济活动正常进行的公共服务系统。常考查其对经济增长、经济发展带来的影响，各种题型中均会涉及。

例句 A government uses a cost-benefit analysis approach to **infrastructure** projects. It is considering building a new railway to link a city centre to its airport.

译文 政府对**基础设施**项目采用成本效益分析方法。它正在考虑修建一条连接市中心和机场的新铁路。

考频 近 3 年 22 次

Note

图书在版编目（CIP）数据

A-Level经济核心词汇真经：汉文、英文 / 刘洪波
主编；学为贵国际备考团队编著. --北京：中国人民
大学出版社，2025.2. -- ISBN 978-7-300-33586-5

Ⅰ.F0

中国国家版本馆CIP数据核字第2025XB6982号

A-Level经济核心词汇真经

刘洪波　主编

学为贵国际备考团队　编著

A-Level Jingji Hexin Cihui Zhenjing

出版发行	中国人民大学出版社			
社　　址	北京中关村大街31号		邮政编码　100080	
电　　话	010-62511242（总编室）		010-62511770（质管部）	
	010-82501766（邮购部）		010-62514148（门市部）	
	010-62515195（发行公司）		010-62515275（盗版举报）	
网　　址	http://www.crup.com.cn			
经　　销	新华书店			
印　　刷	天津鑫丰华印务有限公司			
开　　本	890mm×1240mm　1/32		版　　次	2025年2月第1版
印　　张	4.125		印　　次	2025年2月第1次印刷
字　　数	104 000		定　　价	39.80元